Polnische Grammatik

von

Norbert Damerau

Zweite, unveränderte Auflage

W
DE
G

1992

Walter de Gruyter · Berlin · New York

SAMMLUNG GÖSCHEN 2808

Die Deutsche Bibliothek — CIP-Einheitsaufnahme

Damerau, Norbert: Polnische Grammatik / von Norbert
Damerau. — 2., unveränd. Aufl. — Berlin ; New York : de
Gruyter, 1992
   (Sammlung Göschen ; 2808)
   ISBN 3-11-006211-9
NE: GT

Inhaltsverzeichnis

4 Inhaltsverzeichnis

Literatur

Lexika

LINDE, S. B.: Słownik języka polskiego. Bd. 1—6, 2. Aufl. Lwów 1854—1860, Nachdruck Warszawa 1951. (Enthält nur den Wortschatz von 1550—1800. Für diese Zeit jedoch noch immer von großem Wert.)

KARŁOWICZ, J., KRYŃSKI, A., NIEDŹWIEDZKI, WŁ., Słownik języka polskiego, Bd. 1—8, Warszawa 1900—1927, Nachdruck Warszawa 1952/53 (enthält den Wortschatz des 19. Jahrh.).

DOROSZEWSKI, W. u. a.: Słownik języka polskiego. Bis jetzt erschienen Bd. 1—8, Warszawa 1958—1966. (Es sind 10 Bd. u. 1 Supplementbd. vorgesehen. Enthält den Wortschatz von der 2. Hälfte des 18. Jahrh. bis zur 2. Hälfte des 19. Jahrh., umfangreichstes u. bestes poln. Wörterbuch.)

URBAŃCZYK, ST. u. a.: Słownik staropolski. Bis jetzt erschienen Bd. 1—5, A—M, Wrócław—Kraków—Warszawa 1953—1962. (Enthält alle handschriftlich überlieferten poln. Wörter bis 1500.)

DE BONDY-ŁEMPICKA, ARCT, ST: Podręczny słownik języka polskiego. Warszawa 1939, Nachdruck Warszawa 1957.

IPPOLD, J.: Handwörterbuch der deutschen u. polnischen Sprache. Erster Teil. Deutsch-Polnisch, 2. Aufl. Warszawa 1959, Zweiter Teil, Polnisch-Deutsch, 2. Aufl. Warszawa 1957.

KALINA, P: Handwörterbuch der deutschen u. polnischen Sprache. Erster Teil, Deutsch-Polnisch, Zweiter Teil, Polnisch-Deutsch. 4. Aufl. Warszawa 1959—West-Berlin (Langenscheidt).

JAKOWCZYK, L, REINHOLZ, W.: Taschenwörterbuch Deutsch-Polnisch. Leipzig 1964.

BILDWÖRTERBUCH Deutsch u. Polnisch, 2. Aufl. Leipzig 1959.

SZOBER, ST.: Słownik poprawnej polszczyzny. 4. Aufl. Warszawa 1963.

JODŁOWSKI, ST., TASZYCKI, W.: Słownik ortograficzny i prawidła pisowni polskiej. 5. Aufl. Wrocław 1958.

SKORUPKA, ST. u. a.: Słownik wyrazów bliskoznacznych. Warszawa 1957 (Synonymwörterbuch).

Etymologische Lexika

BRÜCKNER, A.: Słownik etymologiczny języka polskiego. Kraków 1927, Nachdruck Warszawa 1957.

SŁAWSKI, F.: Słownik etymologiczny języka polskiego. Bis jetzt erschienen Bd. 1, A—J, Bd. 2, Lfg. 1—5; Kraków 1952—1965.

Grammatiken

DOROSZEWSKI, W., WIECZORKIEWICZ, B.: Gramatyka opisowa języka polskiego z ćwiczeniami. Bd. 1—2, Warszawa 1959.

SZOBER, ST, DOROSZEWSKI, W.: Gramatyka języka polskiego. 6. Aufl. Warszawa 1963.

KLEMENSIEWICZ, Z.: Podstawowe wiadomości z gramatyki języka polskiego. 3. Aufl. Warszawa 1960.

LEHR-SPŁAWIŃSKI, T., KUBIŃSKI, R.: Gramatyka języka polskiego. 7. Aufl. Wrocław—Kraków 1957.

SOERENSEN, A.: Polnische Grammatik mit grammatisch-alphabetischem Verbalverzeichnis. Bd. 1—2. Leipzig 1900 (Ausführlichste Grammatik in deutscher Sprache, jedoch weitgehend veraltet.)

FALKENHAHN, V., ZIELKE, W.: Grammatik der polnischen Sprache. Ost-Berlin 1961.

SLUPSKI, A.: Polnisches Elementarbuch. Bd. 1, Grammatik. Heidelberg 1961.

GRAPPIN, H.: Grammaire de la langue polonaise. 3. Aufl. Paris 1963.

Teilgebiete der Grammatik behandeln

TOKARSKI, J.: Czasowniki polskie. Formy, typy, wyjątki. Słownik. Warszawa 1951.

JODŁOWSKI, ST., TASZYCKI, W.: Zasady pisowni polskiej i interpunkcji ze słownikiem ortograficznym. 14. Aufl. Wrocław 1960.

KLEMENSIEWICZ, Z.: Zarys składni polskiej. 4. Aufl. Warszawa 1963.

KURKOWSKA, H., SKORUPKA, ST.: Stylistyka polska. Zarys. Warszawa 1959.

GAERTNER, H., PASSENDORFER, A., KOCHAŃSKI, W.: Poradnik gramatyczny. 4. Aufl. Warszawa 1962.

DOROSZEWSKI, W.: O kulturę słowa. Warszawa 1962.

PRZYŁUBSKA, E., PRZYŁUBSKI, F.: Język polski na codzień. Samouczek i słownik poprawnej polszczyzny. Warszawa 1958.

URBAŃCZYK, ST.: Polszczyzna piękna i poprawna. Wrocław-Warszawa-Kraków 1963

Phonetik

BENNI, T.: Fonetyka opisowa języka polskiego. 2. Aufl. Wrocław 1964.

DŁUSKA, M.: Fonetyka polska. Część I. Artykulacja głosek polskich. Kraków 1950.

DOROSZEWSKI, W., WIECZORKIEWICZ, B.: Zasady poprawnej wymowy polskiej. Warszawa 1947.

Dialekte

NITSCH, K.: Dialekty języka polskiego. Wrocła   ·Kraków 1957.

URBAŃCZYK, ST.: Zarys dialektologii polskiej. \   szawa 1953.

Historische und vergleichende Darstellungen der polnischen Sprache

ŁOŚ, J., ROZWADOWSKI, J., BRÜCKNER, A. u. a.: Język polski i jego historya. Bd. 1—2, Kraków 1915 (Encyklopedya polska Bd. 2—3).

BENNI, T., ŁOŚ, J., NITSCH, K. u. a.: Gramatyka języka polskiego. Kraków 1923.

ŁOŚ, J.: Gramatyka polska. Bd. 1—3, Lwów—Warszawa—Kraków 1922—1927.

ŁOŚ, J.: Krótka gramatyka historyczna języka polskiego. Lwów 1927.

SŁOŃSKI, ST.: Historia języka polskiego w zarysie. 2. Aufl. Warszawa 1953.

BRÜCKNER, A.: Dzieje języka polskiego. 4. Aufl. Wrocław—Kraków 1960.

8   Literatur

LEHR-SPŁAWINSKI, T.: Język polski. Pochodzenie, powstanie, rozwój.
2. Aufl. Warszawa 1951.

KLEMENSIEWICZ, Z., LEHR-SPŁAWIŃSKI, T., URBAŃCZYK, ST.: Gramatyka
historyczna języka polskiego. 3. Aufl. Warszawa 1965.

KLEMENSIEWICZ, Z.: Historia języka polskiego. Teil I, II. Warszawa
1961, 1965

STIEBER, Z.: Rozwój fonologiczny języka polskiego. 2. Aufl. Warszawa
1958.

GRAPPIN, H.: Introduction phonétique a l'étude de la langue polonaise.
Paris 1944.

*Probleme der polnischen Grammatik und der Sprachpflege
behandeln die Zeitschriften*

JĘZYK POLSKI, Kraków 1913 ff.

PORADNIK JĘZYKOWY, Kraków 1901 ff.

Einleitung

Polen umfaßt ein Gebiet von 311 730 qkm mit einer fast rein polnischen Bevölkerung von ungefähr 30 Mill. Dazu kommen noch ca. 8 Mill. im Ausland lebender Polen bzw. deren Nachkommen, davon allein ca. 6 Mill. in den USA.

Das Polnische gehört mit dem Tschechischen, Slovakischen, Sorbischen und dem inzwischen ausgestorbenen Slovinzischen und Polabischen zur westslavischen Sprachgruppe. Für das Polnische ist charakteristisch die Bewahrung der alten Nasalvokale ę und ą, die Entwicklung stark palatalisierter (erweichter) Konsonanten, sowie die Stabilisierung der Akzentstelle auf der vorletzten Silbe. Durch die Annahme des römisch-katholischen Christentums unter Mieszko I. im Jahre 966 geriet Polen in den westeuropäischen Kulturkreis. In der Sprache kommt dies in der Anwendung der lateinischen Schriftzeichen sowie in einem umfangreichen westeuropäischen Sprachgut zum Ausdruck. Andererseits hat die polnische Expansion nach dem Osten (Ukraine) seit dem XV. Jahrh. eine wechselseitige Beeinflussung des Polnischen mit dem Ostslavischen (Russisch, Ukrainisch, Weißrussisch) zur Folge gehabt.

Das Polnische zerfällt in mehrere Dialektgruppen, wobei die Unterschiede jedoch weit weniger auffällig sind als z. B. im Deutschen. Am auffallendsten ist das sog. Masurieren (Mazurzenie), d. h. der Ersatz der Zischlaute sz, ż, cz, dż durch s, z, c, dz in den Dialektgruppen des Kleinpolnischen (um Krakau), Masowischen (um Warschau) und teilweise auch Schlesischen. Den ursprünglichen Sprachstand haben dagegen das Großpolnische (um Posen) und das Kaschubische (um Danzig) bewahrt, wobei jedoch letzterer Dialekt gegenüber dem Gesamtpolnischen größere Unterschiede aufweist. Die polnische Literatursprache beruht vorwiegend auf dem großpolnischen Dialekt.

Das Alphabet

Das polnische Alphabet bedient sich der lateinischen Schriftzeichen, die in der Reihenfolge, wie sie in den polnischen Wörterbüchern üblich ist, angeführt werden. Die hier eingeklammerten Buchstaben bilden in den jetzigen Wörterbüchern keine spezielle Rubrik, sondern stehen unter den vorhergehenden Buchstaben. Ein Wort mit anlautendem *sz* ist also unter *s* zu suchen u. ä. Neben dem Buchstaben folgt seine Bezeichnung, wiedergegeben in der internationalen phonetischen Umschrift.

a	a	m	ɛm
(ą)	ɔ̃	n	ɛn
b	bɛ	(ń)	ɛŋ
c	tsɛ	o	ɔ
(ch)	tsɛ χa	ó	ɔ krɛskɔvanɛ
(cz)	tʃɛ	p	pɛ
ć	tçɛ	r	ɛr
d	dɛ	(rz)	ɛr zɛt
(dz)	dzɛ	s	ɛs
(dź)	dʑɛ	(sz)	ʃa bzw. ɛʃ
(dż)	dʒɛ	ś	ɛç
e	ɛ	t	tɛ
(ę)	ɛ̃	u	u
f	ɛf	w	vu
g	gɛ	(y)	i grɛk bzw. ipsilɔn
h	χa	z	zɛt
i	i	ź	ʑɛt bzw.
j	jɔt		zɛt s krɛskɔ̃
k	ka	ż	ʒɛt bzw.
l	ɛl		zɛt s krɔpkɔ̃
ł	ɛw		

Die Buchstaben *qu, v, x* begegnen nur in einigen Fremdwörtern, z. B. *Quisling, Verdi, Pax* „Vereinigung poln. fortschrittl. Katholiken". Gewöhnlich werden sie durch die Buchstaben *kw, w, ks (gz)* wiedergegeben, z. B. *kwartet* „Quartett", *wampir* „Vampir", *Ksawery* „Xaver", *Marks* „Marx", *egzamin* „Examen"; *ph* = *f*, *Filip* „Philipp".

I. Kapitel. Lautlehre

§ 1. Zur Aussprache der polnischen Laute

1. Die Vokale (Samogłoski)

Die poln. Vokale werden kurz ausgesprochen. Im Gegensatz zum Deutschen oder auch Russischen werden die Vokale in unbetonter Silbe genau so deutlich wie in betonter Silbe artikuliert.

Poln. *a* entspricht dtsch. *a* in „dann", *matka* [′matka] „Mutter"; *o* = dtsch. *o* in „offen", *los* [′lɔs] „Schicksal"; *u* und *ó* = dtsch. *u* in „Bund", *bunt* [′bunt] „Aufstand", *ból* [′bul] „Schmerz"; *y* = dtsch. i in „Gift" bzw. e in „Gabe", *syn* [′sɨn] „Sohn".

Der Vokal *e* wird gewöhnlich kurz wie in dtsch. „Bett" ausgesprochen, *cel* [′tsɛl] „Ziel". Steht er jedoch zwischen zwei stark erweichten (palatalisierten) Konsonanten, so entspricht er etwa dtsch. *e* in „mehr", *dzień* [′dʑeŋ] „Tag". Es ist zu beachten, daß auslautendes *e* im Gegensatz zum Deutschen deutlich ausgesprochen wird, z. B. *ale* [′alɛ] „aber".

Der Vokal *i* entspricht dtsch. *i* in „wir", *wir* [′ɣir] „Strudel". In der Stellung nach Konsonant vor Vokal, K+i+V, hat *i* keinen eigenen Lautwert, sondern bezeichnet nur die Erweichung (Palatalität) des vorhergehenden Konsonanten, *nie* [′ŋɛ] „nicht", *miasto* [′mạstɔ] „Stadt", vgl. § 1,5.

Die Nasalvokale (Nosówki)

Poln. *ą* entspricht dem franz. Nasallaut *on* in „bon", *wąs* [′võs] „Schnurrbart"; *ę* = franz. *in* in „matin", *język* [jẽzɨk] „Sprache". Als eigentliche Nasale werden *ą* und *ę* jedoch nur vor den Frikativlauten *ch, f, w, s, z, ź, ś, sz, ż, rz* gesprochen. Sonst wird der nasale Bestandteil an die Artikulationsstelle des darauffolgenden Konsonanten angeglichen.

Vor *b* und *p* lauten *ą* und *ę* wie dtsch. *om* und *em*, *dąb* [′dɔmp] „Eiche", *tępy* [′tɛmpɨ] „stumpf". Vor *t* und *d* wie *on* in „Sonde" und *en* in „Ende", *kąt* ['kɔnt] „Ecke", *pętla* ['pɛntla] „Schlinge". Vor *k* und *g* wie *on* in „Onkel" und *en* in „eng", *mąka* ['mɔŋka] „Mehl", *ręka* ['rɛŋka] „Hand". Im Auslaut bleibt der Nasal bei *ą* erhalten, während bei *ę* das nasale Element fast völlig schwindet, *proszą* ['prɔʃɔ̃] „sie bitten", *proszę* ['prɔʃɛ] „ich bitte".

2. Die Diphtonge (Dwugłoski)

Poln. *aj*, *oj* vor Konsonant oder im Auslaut entspricht dem dtsch. *ai* (*ei*) in „Mai" („Eiche") bzw. *eu* in „heute", z. B. *maj* ['maj] „Mai", *wojsko* ['vɔjskɔ] „Heer".
Die Verbindung *au*, *eu* wird in poln. Wörtern zweisilbig ausgesprochen, *nauka* [na-'uka] „Lehre", *nieuk* ['ŋɛ-uk] „Ignorant". In Fremdwörtern wie *auto*, *Europa* sind *au*, *eu* einsilbig. Es wird ein *a* bzw. *e* mit kurzem nachfolgenden unsilbischen *u* gesprochen, ['aʷtɔ], [ɛʷ'rɔpa].

3. Die Konsonanten (Spółgłoski)

Die meisten der aufgeführten poln. Konsonanten stimmen lautlich mit dem Deutschen überein. In einigen Fällen unterscheiden sie sich voneinander im Schriftbild.
Die Laute *p*, *b*, *t*, *d*, *k*, *g*, *f*, *w*, *m*, *l* und *j* klingen wie die entsprechenden dtsch. Laute, z. B. *tak* ['tak] „ja", *waga* ['vaga] „Waage", *mama* ['mama] „Mama", *jak* ['jak] „wie", *ląd* ['lɔnt] „Land", *fakt* ['fakt] „Tatsache".
n entspricht dem dtsch. *n* in „Kante", *kant* ['kant] „dss.". Verschieden ist die Aussprache bei nachfolgendem *k* u. *g*. Handelt es sich um Fremdwörter, wird *n* wie in dtsch. „Onkel' ausgesprochen, *Anglia* ['aŋglia] „England", *bank* ['baŋk] „Bankinstitut". In poln. Wörtern bleibt dagegen die dentale Aussprache wie in „Kante" erhalten, *sukienka* [su'ķɛnka] „Kleid".
ch u. *h* entsprechen dtsch. *ch* in „ach". Zwischen poln. *h* und *ch* besteht gewöhnlich kein Unterschied in der Aussprache. Poln. *h* ist niemals wie im Deutschen ein Dehnungszeichen, sondern immer ein Hauchlaut, *chata* ['χata] „Hütte, Kate", *hak* ['χak] „Haken", *ohyda* [ɔ'χɨda] „Abscheu".

r ist als Zungenspitzen-r zu sprechen. Es ist auch im Auslaut deutlich hörbar, *rola* [′rɔla] „Rolle", *motor* [′mɔtɔr] „Motor".

s entspricht dem stimmlosen dtsch. *s* in „beißen". Im Gegensatz zum Deutschen ist poln. *s* auch im Wortanlaut immer stimmlos, *sen* [′sɛn] „Schlaf", *kosa* [′kɔsa] „Sense".

Folgende Konsonanten haben ein vom Deutschen abweichendes Schriftbild.

z entspricht dem stimmhaften dtsch. *s* in „sausen", *zapach* [′zapaχ] „Geruch".

c entspricht dtsch. *z* in „Zorn", *cal* [′tsal] „Zoll" (Maß).

dz ist die stimmhafte Entsprechung zu poln. *c* und klingt wie eine enge Verbindung von *d* + stimmhaftem *s*, *rodzaj* [′rɔdzaj] „Art".

sz entspricht dem dtsch. *sch* in „*schön*", *szopa* [′ʃɔpa] „Schuppen".

rz, ż ist die stimmhafte Entsprechung zu poln. *sz* und entspricht dem dtsch. *j* in Journal bzw. *g* in Genie, *żaba* [′ʒaba] „Frosch", *rzeka* [′ʒɛka] „Fluß".

cz entspricht dtsch. *tsch* in „Tscheche", *Czech* [′tʃɛχ] „Tscheche".

drz, dż ist die stimmhafte Entsprechung zu poln. *cz* und klingt wie engl. *j* in „Jack", also eine enge Verbindung von poln. *d+ż*, *dżuma* [dʒuma] „Pest", *drzewo* [′dʒɛvɔ] „Baum".

ń klingt wie dtsch. *ng* in „Kognak". Folgt hinter *ń* ein Vokal, so schreibt man *ni*, *koń* [′kɔŋ] „Pferd", *nie* [′ŋɛ] „nein, nicht".

Ein dem Deutschen unbekannter Laut ist *ł*. Er wird überwiegend wie ein unsilbisches *u*, ähnlich dem bilabialen engl. *w* in „water" ausgesprochen, poln. *łaska* [′waska] „Gnade", jedoch *laska* [′laska] „Spazierstock".

Dem Deutschen unbekannt und am schwierigsten auszusprechen sind die weichen Konsonanten *ś, ź, ć* und *dź*. Der stimmlose Frikativlaut *ś* kommt dem dtsch. *ch*-Laut in „ich" nahe. Bei der Artikulation des poln. Lautes ist die Mundstellung jedoch so, als wolle man ein *s* sprechen, *środa* [′çrɔda] „Mittwoch", *łosoś* [′wɔsɔç] „Lachs". Die stimmhafte Entsprechung zu *ś* ist *ź*, *źle* [′ʑlɛ] „schlecht", *źródło* [′ʑrudwɔ] „Quelle". Eine enge Verbindung von *t+ś* wird durch *ć* wiedergegeben. Eine ungefähre Entsprechung bietet das dtsch. *tch, dch* in „Entchen", „Mädchen", *ćma* [ˈtçma] „Nachtfalter", *czuć* [ˈtʃutç] „fühlen". Die stimmhafte Entsprechung dazu lautet *dź, dźwig* [dʒɣik] „Aufzug".

Die Lautverbindung *ś* (*ź, ć, dź*) + Vokal wird *si* (*zi, ci, dzi*) + Vokal geschrieben, z. B. *siano* [ˈçanɔ] „Heu". Hier ist das *i* also nur ein orthographisches Zeichen. Dieselbe Schreibung wendet man auch an, wenn der in Frage kommende Vokal ein *i* ist, z. B. *siwy* [ˈçivɨ] „grau". Hier ist dann *i* sowohl Vokal als auch orthographisches Zeichen.

Es ist zu beachten, daß poln. *si, zi* usw. niemals einem dtsch. *s* + *i* bzw. *z* + *i* entsprechen, etwa einem dtsch. Sigismund, Zigeuner. Diese im Deutschen übliche Lautverbindung wird im Polnischen durch einen *s*-Laut + *y* ersetzt, *Zygmunt, Cygan*.

4. Konsonantenhäufungen

Die Konsonantenhäufungen sind enge Verbindungen der oben besprochenen Laute und bieten in der Aussprache keine besonderen Schwierigkeiten. Es ist zu beachten, daß trotz teilweiser Übereinstimmung mit dem deutschen Schriftbild im Polnischen andere Lautungen vorliegen, z. B. *Rapacki* [ˈrapatsķi]] (Eigenname), *schematyzm* [sχɛˈmatɨzm] „Schematismus", *stal* [ˈstal] „Stahl".

Häufiger begegnen *szcz* und *ść*. Es sind Verbindungen aus *sz+cz* bzw. *ś+ć*. Bei ihnen ist auf eine deutliche Artikulation der Lautbestandteile zu achten, *szczupak* [ˈʃtʃupak] „Hecht", *pomścić* [ˈpɔmçtçitç] „rächen".

Bei der Lautgruppe *trz* wird der Zischlaut *rz* länger artikuliert, so daß eine Lautverbindung *czsz* zu hören ist, *trzeba* [ˈtʃʃɛba] „es ist nötig, man muß", *trzysta* [ˈtʃʃɨsta] „dreihundert".

5. Die weichen Konsonanten

Die Laute *ś, ź, ć* und *dź* gehören zu den sogen. „weichen" (palatalen) Konsonanten. Außer diesen können jedoch auch die Konsonanten *p, b, w, f, m, n, k* und *g* weich ausgesprochen werden, sofern sie vor einem Vokal stehen. Diese Erweichung wird durch ein hinter dem Konsonanten stehendes *i* +Vokal ausgedrückt. Dieses *i* bildet keine eigene Silbe, sondern ist ein flüchtiger *i*-Laut, der zusammen mit dem vorhergehenden Konsonanten ausgesprochen wird. Eine ähnliche Ausprache findet man z. B. in dtsch. „rabiat", „Olympiade", „Fjord" u. ä. Poln. Beispiele: *biały* [ˈḅawɨ] „weiß", *piana* [ˈpana] „Schaum", *kielich* [ˈk̡eliχ] „Kelch", *nie* [ˈn̡ɛ] „nein, nicht". Ist *i* selbst silbenbildender Vokal, so wird die Erweichung schriftlich nicht gekennzeichnet, wohl aber gesprochen, *bił* [ˈḅiw] „er schlug", *nigdy* [ˈn̡igdɨ] „niemals".

Im Gegensatz zu den oben aufgeführten Konsonanten kann *n* auch im Auslaut (bzw. vor Konsonant) weich sein. Man schreibt dann *ń*, *koń* [ˈkon̡] „Pferd", Gen. *konia* [ˈkon̡a].

Der Laut *l* ist immer weich. Ein darauf folgender Vokal wird unmittelbar, ohne das „Erweichungszeichen" *i* angefügt, *król* [ˈkrul] "König", Gen. *króla* [ˈkrula].

Zu den historisch weichen Konsonanten s. § 4,5.

6. Stimmhafte Konsonanten im Auslaut

Die stimmhaften Konsonanten *b, d, g, w, z, rz, ż, ź, dz, dź* und *żdż* werden im Auslaut bei isoliert stehenden Wörtern bzw. am Satzende wie die entsprechenden stimmlosen Konsonanten *p, t, k, f, s, sz, ś, c, ć* und *szcz* ausgesprochen, z. B. *bób* [ˈbup] „Bohne", *Bóg* [ˈbuk] „Gott", ʹpaw [paf] „Pfau". Derselbe Vorgang begegnet auch im Deutschen.

7. Konsonantenassimilation

Bei einer Konsonantenhäufung innerhalb eines Wortes beeinflußt der zuletzt stehende Konsonant den (die) vorherstehenden. (Regressive Assimilation). Ist der letzte Konsonant stimmlos, z. B. *p, t, k*, so wird der vorhergehende stimmhafte Konsonant, z. B. *b, d, g* ebenfalls stimmlos ausgesprochen und umgekehrt, *babka* [ˈbapka] „Großmutter", *jakże* [ˈjagʒɛ] „wie".

Die Konsonanten *w* und *rz* beeinflussen keinen anderen Konsonanten. Stehen sie in einer Konsonantenhäufung an letzter Stelle, so werden sie an den vorhergehenden Konsonanten angeglichen (progressive Assimilation), z. B. *swój* ['sɫuj] „sein", *przy* ['p[i] „bei", *brzuch* ['bʒuχ] „Bauch".

Die Konsonanten *ł, l, r, m, n, ń, j* beeinflussen keinen anderen Konsonanten.

↞ Dieselben Assimilationserscheinungen treten auch zwischen den Wörtern innerhalb eines Satzes auf, z. B. *jak dobrze* ['jag 'dɔbʒɛ] „wie gut", *lud pracujący* ['lut pratsu'jɔntsi] „das werktätige Volk".

§ 2. Der Akzent

In zwei- und mehrsilbigen Wörtern wird grundsätzlich die vorletzte Silbe betont, *Pòlak,* Gen. *Polàka,* Dat. *Polakòwi* usw.

Die Fremdwörter auf *-yka, -ika* haben den Akzent auf der drittletzten Silbe, *polìtyka, gramàtyka, klìnika.* Jedoch begegnet neuerdings auch die Betonung auf der vorletzten Silbe. *Uniwèrsytet* hat den Akzent auf der drittletzten Silbe, vom Gen. an jedoch auf der vorletzten, *uniwersytètu.*

Fremdwörter auf *-yk, -ik, polìtyk* „Politiker", *mechànik* „Mechaniker" u. a. haben vom Gen. an in den Kasus, die mit dem Gen. die gleiche Silbenanzahl haben, den Akzent auf der drittletzten Silbe, Gen. *polìtyka,* Instr. *polìtykiem,* jedoch Dat. *politykòwi.*

Einige poln. Wörter können die Betonung auf der vorletzten oder drittletzten Silbe haben, dazu gehören u. a. *rzeczpospòlita* (*rzeczpospolìta*) „poln. Republik", *okòlica* (*okolìca*) „Umgebung", *w ògóle* (*w ogòle*) „im allgemeinen". Auf andere Ausnahmen dieser Art wird an den entsprechenden Stellen der Formenlehre verwiesen.

Endbetont sind die heute zahlreichen Abkürzungen, sofern sie hauptsächlich aus Konsonanten bestehen, *PRL* [pɛɛrèl] „Volksrepublik Polen", *NRF* [ɛnɛrèf] „Bundesrepublik Deutschland", *ZSRR* [zɛtɛsɛrèr] „UdSSR", *PZPR* [pɛzɛtpɛèr] „Polnische Vereinigte Arbeiterpartei".

Unbetont bleiben die enklitisch gebrauchten Partikel *-że, to, no, by,* die Kurzformen der Personalpronomina *mi, ci* usw., das Reflexivpronomen *się* und die beweglichen Personalendungen des Präteritums. Unbetont sind auch die proklitisch gebrauchten einsilbigen Präpositionen, z. B. *bez sèrca* „herzlos". Folgt ihnen jedoch ein einsilbiges Pronomen, so verlagert sich der Akzent auf die Präposition, *bèz nas* „ohne uns". Ebenso erhält die Negation *nie* vor einer einsilbigen Verbalform den Akzent, *niè ma* „es gibt nicht".

§ 3. Gross- und Kleinschreibung

Im Gegensatz zum Deutschen wird im Polnischen grundsätzlich klein geschrieben. Groß geschrieben werden:

1. Das erste Wort eines Satzes, Eigennamen, Länder- und Ortsnamen sowie die Bezeichnungen für die Angehörigen eines Volkes; *Tadeusz Kowalski, Polska, Warszawa, Polak.*

2. Bezeichnungen für Feste und Personen, die eine besondere Verehrung genießen; *Boże Narodzenie* „Weihnachten", *Bóg* „Gott". Fernerhin bei Anreden in Briefform, wobei auch Adjektive, Adverbien und Pronomina großgeschrieben werden: *Wielce Szanowny Panie Profesorze* „Sehr geehrter Herr Professor". *Otrzymałem Twój list* „Ich habe Deinen Brief erhalten".

3. Bezeichnungen für Institutionen, Zeitschriftentitel u.ä. sowie Abkürzungen; *Rada Państwa* „Staatsrat", *Życie Literackie* „Literarisches Leben" (Zeitschriftentitel), *PIW* „Staatliches Verlagsinstitut", *ONZ* „UNO".

Silbentrennung

Ein einziger Konsonant zwischen Vokalen gehört zur folgenden Silbe, *nie-po-cie-szo-ny* „untröstlich".

Bei einer Konsonantengruppe kann entweder vor oder innerhalb dieser Konsonantengruppe getrennt werden, *warstwa, war- stwa, wars-twa, warst-wa* „Schicht".

Zwei gleiche Konsonanten werden getrennt, *An-na* „Anna", Präfixe bleiben als ungetrennte Einheit erhalten, *przedsta-wie-nie* „Vorstellung", *od-czyt* „Vorlesung".

§ 4. Lautveränderungen

1. Harte und weiche Konsonanten

Fast jeder polnische harte Konsonant hat eine weiche (palatale) Entsprechung. Dieser aus dem Urslavischen ererbte Wechsel zwischen harten und weichen Konsonanten ist in der Flexion des Polnischen vollständig erhalten geblieben und hat hier zu einer noch größeren Differenzierung zwischen harten und weichen Konsonanten geführt. Die palatale Aussprache eines Konsonanten war im Urslavischen von den auf den Konsonanten folgenden Vokalen *e, ě, ę, i, ь* sowie *j* abhängig. Im heutigen Polnisch ist die palatale Aussprache durch ein nachfolgendes *e* bzw. *i* oder durch ein ursprüngliches *j* mit beliebigem Vokal bedingt, die ihrerseits auf die entsprechenden urslavischen Laute zurückgehen.

Die entsprechenden Konsonantenpaare muß sich der Lernende einprägen, da er sie zur Erlernung der Flexion aktiv beherrschen muß.

Die harten Konsonanten

b   p   w   f   m   n   t   d   s   z   st   zd   ł   r   k   g   ch

werden zu

b' *   p'   w'   f'   m'   ń   ć   dź   ś   ź   śċ   źdź   l   rz   c   dz   sz*
c   dz   sz   ż   szcz   żdż   cz   ż   sz (ś)

Die Parallelformen bei den Gutturalen sowie Dentalen und Sibilanten beruhen auf teils urslavischen, teils einzelsprachlichen Lautgesetzen, abhängig von dem auf den Konsonanten folgenden Vokal bzw. j.

Die folgende Tabelle zeigt zur besseren Orientierung die Lautgestalt dieser palatalen Konsonanten im Zusammenhang mit nachfolgendem Vokal. Der Lernende möge sich dabei besonders auch das Schriftbild einprägen.

---

*' bedeutet, daß der Konsonant weich ausgesprochen wird.

I	II	III	IV
Konsonant+e<ě	+e<e, ь	+i	+j+V(okal)
b = bie	bie	bi	bi+V
p = pie	pie	pi	pi+V
w = wie	wie	wi	wi+V
f = fie	fie	fi	fi+V
m = mie	mie	mi	mi+V
n = nie	nie	ni	ni+V
t = cie	cie	ci	c+V
d = dzie	dzie	dzi	dz+V
s = sie	sie	si	sz+V
z = zie	zie	zi	ż+V
st = ście	ście	ści	szcz+V
zd= ździe	ździe	ździ	żdż+V
ł = le	le	li	l+V
r = rze	rze	rzy	rz+V
k = ee	eze	cy (czy)	cz+V
g = dze	że	dzy (ży)	ż+V
ch= sze	sze	si (szy)	sz+V

Beispiele zu I. *ręka* „Hand“: *ręce* Dat.; *świat* „Welt“: *na świecie* Lok. „in d. W.“; *wóz* „Wagen“: *na wozie* Lok. „auf d. W.“; *miasto* „Stadt“: *w mieście* Lok. „in d. St.“; *gwiazda* „Stern“: *gwieździe* Dat.; *wiara* „Glaube“: *wierze* Dat.; *chwała* „Lob“: *chwale* Dat.; *chmura* „Wolke“: *chmurze* Dat.

zu II. *ręka*: *poręcze* „Geländer“ Pl.; *świat*: *świecie* Vok.; *wóz*: *wiezie* „er fährt“; *Bóg* „Gott“: *Boże* Vok.; *piekarz* „Bäcker“: *piecze* „er bäckt“; *chłop* „Bauer“: *chłopie* Vok.; *brać* „nehmen“: *bierze* „er nimmt“.

zu III. *ręka*: *poręczyć* „bürgen“; *świat*: *świecić* „leuchten“; *wóz*: *wozić* „fahren“; *miasto*: *mieścić* „in sich fassen“; *twardy* „fest“: *twierdzić* „behaupten“; *Bóg* : *boży* „göttlich“; *piekarz*: *pieczywo* „Gebäck“; *grzech* „Sünde“: *grzeszyć* „sündigen“; *gwiazda*: *gwiaździsty* „gestirnt“; *wiara*: *wierzyć* „glauben“; *chwała*: *chwalić* „loben“; *Polak* „Pole“: *Polacy* Nom. Pl.

zu IV. *ręka*: *poręczenie* „Bürgschaft“; *świat*: *świeca* „Kerze“; *oświata* „Bildung“: *oświecenie* „Aufklärung“; *wóz*:

wożę „ich fahre“; *miasto*: *mieszczanin* „Städter, Bürger“;
twardy: *twierdzę* „ich behaupte“, *twierdza* „Festung“; *grzech*:
grzeszę „ich sündige“; *rozgrzeszenie* „Sündenvergebung“;
wiara: *wierzę* „ich glaube“;, *zwierzać* „anvertrauen“; *chwała*:
pochwalony „gelobt“; *pisać* „schreiben“: *pisze* „er schreibt“.

2. Die Gutturale *k, g* +„hartes“ *e*

Im Polnischen gibt es zahlreiche Wörter und Formen, in
denen ein *e* den vorhergehenden harten Konsonanten nicht
erweicht. Hier geht das *e* nicht auf ein ursprüngliches *e*, *ě*, *ь*
bzw. *je* zurück, sondern beruht auf einem ursprünglichen *ъ*
oder einer Vokalkontraktion. Ein „hartes“ *e* erscheint auch in
vielen Lehnwörtern. Beispiele: *beton* „Beton“, *redakcja*
„Redaktion“; *nowe* „neue“ Nom. Akk. Neutr., vgl. russ.
novoe; *domem* Instr. zu *dom* „Haus“, vgl. russ. domom aus
domъmъ; ebenso *z profesorem* „mit d. Prof.“ usw.; *sen*
„Schlaf“ vgl. russ. son dass. aus sъnъ u. v. a.
Die Gutturale *k, g* + „hartes“ *e* werden jedoch zu *kie, gie*
erweicht, z. B. *kielich* „Kelch“, *giemza* „Gemse“, *dzikie* „wild“
Nom. Akk. Neutr., *drogie* „teuer“, *bokiem* Instr. zu *bok*
„Seite“, *Bogiem* Instr. zu *Bóg* „Gott“.

3. Wechsel von o:ó, ę:ą (Pochylenie)

In geschlossener Silbe vor auslautendem stimmhaften
Konsonanten wird *o* zu *ó*, *ę* zu *ą*.
wóz „Wagen“: *wozu* Gen.; *sól* „Salz“: *soli* Gen.; *dąb*
„Eiche“: *dębu* Gen.; *mąż* „Ehemann“: *męża* Gen.; *woda*
„Wasser“: *wód* Gen. Pl.; *wziął* „er nahm“: *wzięła* „sie
nahm“; *wiódł* „er führte“: *wiodła* „sie führte“; pomoże „er
wird helfen“: pomóż „hilf“.
Der Wandel tritt nicht ein bei den Liquiden *m, n, ń*; dom
„Haus“, ogon „Schwanz“, koń „Pferd“.

4. Wechsel von e:o, e:a (Przegłos)

Vor den harten Dentalen *t, d, s, z, n, r* und *ł* wird *e* aus
urslav. *e* zu *o*, *e* aus urslav. *ě* zu *a*.

Beispiele für urslav. *e*: *żona* „Ehefrau", jedoch *żenić się*
„s. verheiraten"; *lot* „Flug": *lecieć* „fliegen"; *anioł* „Engel":
aniele Vok.; *biorę* „ich nehme": *bierze* „er nimmt"; *uczony*
„gelehrt": *uczeni* „die Gelehrten"; *wieść* „führen": *wiodę*
„ich führe".

Beispiele für urslav. *ě*; *świat* „Welt", jedoch *na świecie*
Lok.; *miasto* „Stadt": *w mieście* Lok.; *gwiazda* „Stern":
gwieździe Dat.; *wiara* „Glaube": *wierze* Dat.; *miał* „er hatte":
mieli „sie hatten".

Aus Analogiezwang hat sich heute in der Deklination gewöhnlich der Vokal des Nominativs durchgesetzt. In der Konjugation
sind die ursprünglichen Verhältnisse besser bewahrt.

5. Die „historisch weichen" Konsonanten

rz, ż, dż, dz, sz, cz, c sind sog. historisch, d. h. ehemals
weiche (palatale) Konsonanten. Sie sind heute jedoch phone-
tisch hart, d. h. sie werden nicht mehr weich ausgesprochen.
Dies bedeutet, daß in einer auf sie folgenden *i*-haltigen Endung das *i* schwindet. Beispiele: Nom. Pl. fem. weiche
Stämme, *ziemie* „Länder", jedoch *ulice* „Straßen"; Vok. Sg.
mask. harte Stämme, *panie* „Herr", jedoch *doktorze* „Doktor";
1. Sg. Präs. i-Konjugation, *mówię* „ich spreche", jedoch
proszę „ich bitte" u. ä.

6. Wandel von *i* zu *y* nach den „historisch weichen" Konsonanten

Nach den „historisch weichen" Konsonanten *rz, ż, dż, dz,
sz, cz* und *c* wird ursprgl. *i* zu *y*.

burzy Gen. aus *burzi* zu *burza* „Sturm", vgl. *koszuli* Gen.
zu *koszula* „Hemd"; *Polacy* Nom. Pl. zu *Polak* „Pole", vgl.
studenci zu *student*; *Rzym* „Rom", vgl. russ. *Rim* „dass.";
czytać „lesen", vgl. russ. *čitat'* „dass.".

7. Wandel von *y* zu *i*

Nach *k* und *g* wird ursprgl. *y* zu *i*. Die Gutturale bleiben
dabei unverändert.

wilki „die Wölfe" aus *wilky*, vgl. *psy* „die Hunde"; *wielki*
„groß" aus *wielky*, vgl. *dobry* „gut"; *nogi* „die Füße" aus
nogy, vgl. *głowy* „die Köpfe".

8. „Flüchtiges" e. (e ruchome)

In gewissen Wörtern begegnet ein (i)e, das dann innerhalb der Flexion des Wortes wieder schwindet, *sen* „Schlaf" *snu* Gen., *dzień* „Tag" *dnia* Gen., *Niemiec* „Deutscher" *Niemca* Gen., *szedł* „er ging" *szła* „sie ging", *godzien* neben *godny* „würdig", *ze mną* „mit mir" neben *z nim* „mit ihm". Dieses „flüchtige" *e* geht auf einen urslav. überkurzen „reduzierten" Vokal *ъ* bzw. *ь* zurück. Dieses *ъ* bzw. *ь* wurde in sogen. starker Stellung, d. h. in geschlossener Silbe nach Schwund eines *ъ* bzw. *ь* der folgenden Silbe, zu einem Vollvokal, *sъnъ* >*sъn*> *sen*. Dabei ergab urslav. *ъ* poln. „hartes" *e* mit vorhergehendem harten Konsonanten, während aus urslav. *ь* poln. *e* mit vorhergehendem weichen Konsonanten wurde, s. § 4, 1, Tabelle II. So erklärt sich poln. *dworzec* „Bahnhof", Gen. *dworca* aus *dworьcь*; dagegen *dworek* „kl. Haus", Gen. *dworku* aus *dworъkъ*; *matek* Gen. Pl. aus *matъkъ* zu *matka* „Mutter".

Der hier besprochene Vorgang ist gemeinslavisch. Die Ergebnisse der Vollvokalisierung sind jedoch einzelsprachlich verschieden. Zum Vergleich kann man das Russische heranziehen, bei dem derselbe Vorgang zum sog. „flüchtigen" *o*<*ъ* bzw. *e*<*ь* geführt hat, poln. *sen* = russ. *son*, poln. *dzień* = russ. *den'*.

II. Kapitel. Das Substantiv

(Rzeczownik)

§ 5. Allgemeines

Man unterscheidet im Polnischen drei Genera: Maskulinum, Femininum und Neutrum. Ferner zwei Numeri: Singular und Plural mit je 7 Kasus: Nominativ, Genitiv, Dativ, Akkusativ, Instrumental, Lokativ (Präpositiv) und Vokativ. Der Lokativ steht nur in Verbindung mit Präpositionen, der Instrumental antwortet auf die Frage womit? wodurch? Außerdem begegnen bei einigen Wörtern noch Reste des alten Duals. Das Genus eines Substantivs erkennt man

meistens an der Endung des Nom. Sg., bei einer geringeren
Anzahl an der Bedeutung. Die Maskulina enden auf Konso-
nant, die Feminina auf *-a*, *-i* oder weichen Konsonant, die
Neutra auf *-o*, *-e*, *-ę* oder *-um* bei Fremdwörtern. Über weitere
Unterteilungen s. bei den einzelnen Deklinationen.

Mit Ausnahme der Feminina auf *-i* und weichen Konsonanten wird jede Deklination in eine harte und weiche Abart
unterteilt, abhängig von dem auslautenden Stammkonsonanten. Endet der Substantivstamm auf den Konsonanten

ń, ć, dź, ś, ź, śc, rz, ż, sz, cz, dż, c, dz, l oder j

d. h. auf einen weichen od. historisch weichen Konsonanten
sowie *j*, dann gehört er zum weichen Deklinationsschema der
betreffenden Deklination, andernfalls zum harten Deklinationsschema. Beispiel: *bluza* „Bluse": *ulica* „Straße". Beide
gehören zur femininen a-Deklination, *bluza* zum harten, *ulica*
zum weichen Deklinationsschema. Da abhängig vom harten
oder weichen Stammkonsonanten die Kasusendungen verschieden sein können, der Nom. Akk. Pl. lautet bei unserem
Beispiel *bluzy*: *ulice*, muß sich der Lernende von vornher-
ein über die Zugehörigkeit eines Substantivs zur harten oder
weichen Deklination klar werden.

Konsonantenveränderungen, wie sie unter § 4, 1 beschrieben worden sind, können natürlich nur bei den harten Stämmen auftreten.

§ 6. Deklination der Maskulina
Singular
harte und weiche Stämme

Die Maskulina enden im Nom. Sg. auf ihren Stammkonsonanten. Über den Unterschied zwischen harten und weichen
Stämmen s. § 5. Die auf *p*, *b*, *w*, *m* auslautenden Substantiva
sind teils hart, teils weich.

Bei Substantiven, die Lebewesen bezeichnen, ist der Akk.
gleich dem Gen., sonst lautet er wie der Nom.

Die Kasusendungen lauten:

	Nom.	Gen.	Dat.	Akk.	Instr.	Lok.	Vok.
hart	—	-a od. -u	-owi	Nom. od. Gen.	-em	-e	-e
weich	—	-a od. -u	-owi	Nom. od. Gen.	-em	-u	-u

(u. Stämme auf g, k, ch)

Bis auf den Lok. u. Vok. sind die Kasusendungen der harten und weichen Stämme also identisch. Vor dem *e* des Lok. und Vok. muß der harte Konsonant verändert werden, s. u.

	hart		weich	
	Bauer	Pole	Karpfen	Deutscher
Nom.	chłop	Polak	karp	Niemiec
Gen.	chłopa	Polaka	karpia	Niemca
Dat.	chłopu	Polakowi	karpiowi	Niemcowi
Akk.	chłopa	Polaka	karpia	Niemca
Instr.	chłopem	Polakiem	karpiem	Niemcem
Lok.	chłopie	Polaku	karpiu	Niemcu
Vok.	chłopie	Polaku	karpiu	Niemcze

	hart		weich	
	Herr	Tisch	Bedingung	Ehe-mann	Zimmer, Friede
Nom.	pan	stół	warunek	mąż	pokój
Gen.	pana	stołu	warunku	męża	pokoju
Dat.	panu	stołowi	warunkowi	mężowi	pokojowi
Akk.	pana	stół	warunek	męża	pokój
Instr.	panem	stołem	warunkiem	mężem	pokojem
Lok.	panu	stole	warunku	mężu	pokoju
Vok.	panie	stole	warunku	mężu	pokoju

Bemerkungen

1. „Flüchtiges" *e*. In einer Reihe von Wörtern schwindet vom Gen. an das (*i*)*e* der Wurzel- bzw. Stammsilbe, *dzień* „Tag", *dnia* Gen.; *pies* „Hund", *psa*; *sen* „Schlaf", *snu*. Es handelt sich meist um Wörter mit der Endung *-ek* bzw.

-(*i*)*ec*, *warunek*, *warunku*; *Niemiec, Niemca*. Beachte *ojciec* „Vater", *ojca* Gen. Zur Erklärung des Ausfalls von *e* s. § 4, 8.

2. Wechsel von *ó*: *o*, *ą*: *ę*. Substantiva mit *ó* bzw. *ą* in der Endsilbe, die auf einen stimmhaften Konsonanten enden, verwandeln vom Gen. ab *ó* zu *o*, *ą* zu *ę*, vgl. § 4, 3. *Bóg* „Gott", *Boga* Gen.; *mąż, męża*; *stół, stołu*; *pokój, pokoju*.
Es gibt jedoch Ausnahmen, wo *ó* und *ą* erhalten bleiben, z. B. *ból* „Schmerz", *bólu, chór-u* „Chor", *król-a* „König", *mózg-u* „Gehirn", *ogól-u* „Allgemeinheit", *stróż-a* „Wächter", *tchórz-a* „Feigling", *drąg-u* „Stange", *pogląd-u* „Ansicht", *prąd-u* „Strömung", *pstrąg-a* „Forelle", *sąd-u* „Gericht", *wiąz-u* „Rüster", *rząd* „Regierung, Reihe" differenziert nach der Bedeutung, Gen. *rządu* „Regierung", *rzędu* „Reihe".

3. Gen. Endung *-a* bzw. *-u*. Eine genaue Regel, welche Endung an ein Substantiv anzufügen ist, gibt es nicht. Jedoch lassen sich einige allgemeine Grundsätze aufstellen.
Die Endung *-a* nehmen an:

a) Lebewesen: *mąż, męża*; *pan-a, pies* „Hund", *psa*; *uczeń* „Schüler", *ucznia*. Ausnahmen sind, *wół* „Ochse", *wołu*; *bawół* „Büffel", *bawołu*. Zu den Lebewesen rechnet man auch verstorbene und überirdische Wesen, *trup-a* „Leichnam"; *Bóg* „Gott", *Boga*; *diabeł* „Teufel", *diabła*; *duch-a* „Geist".

b) Tänze und Spiele: *mazurek* „Masurka", *mazurka*; *walc-a* „Walzer", *twist-a* „Twist", *palant-a* „Schlagball", *tenis-a* „Tennis".

c) Früchte und Pilze: *banan-a* „Banane", *daktyl-a* „Dattel", *orzech-a* „Nuß", *borowik-a* „Steinpilz", *smardz-a* „Morchel".

d) Geldbezeichnungen: *dolar-a, rubel, rubla, frank-a* „Franc", *grosz-a* „Pfennig".

e) Werkzeuge, Gefäße, Maße und Gewichte: *młot-a* „Hammer", *sierp-a* „Sichel", *nóż, noża* „Messer", *dzban-a* „Kanne", *kocioł, kotła* „Kessel", *funt-a* „Pfund", *gram-a* „Gramm", *metr-a* „Meter".

f) Monatsnamen: *styczeń* „Januar", *stycznia*; *marzec* „März", *marca*; *wrzesień* „September", *września*; *grudzień* „Dezember", *grudnia*.

g) Körperteile und Kleidungsstücke: *palec* „Finger", *palca*; *nos-a* „Nase", *ząb* „Zahn", *zęba*; *but-a* „Schuh", *krawat-a* „Krawatte", *płaszcz-a* „Mantel".

h) Diminutivformen: Es handelt sich hauptsächlich um die Endungen *-ek* u. *-ik*, *wózek* „kl. Wagen", *wózka*; *worek* „kl. Sack", *worka*; *teatrzyk-a* „kl. Theater".

Die Endung -*u* nehmen an:

a) Abstrakta: *rozum-u* „Verstand", *czas-u* „Zeit", *ból-u* „Schmerz", *los-u* „Schicksal", *warunek* „Bedingung", *warunku*.

b) Stoff- und Kollektivbegriffe, auch wenn es sich hier um Lebewesen handelt: *las-u* „Wald", *ołów* „Blei", *ołowiu*; *jedwab-iu* „Seide", *cukier* „Zucker", *cukru*; *naród* „Volk", *narodu*; *pułk-u* „Regiment", *tłum-u* „Menschenmenge".

c) Fremdwörter, sofern sie nicht unter die Kategorien mit der Endung -*a* fallen: *uniwersytet-u, teatr-u, puder, pudru; egzamin-u, dach-u.*

d) Abkürzungen, sofern es sich nicht um Firmenbezeichnungen handelt: *PZPR-u* „Poln. Vereinigte Arbeiterpartei", *Pafawag-u* „Staatl. Wagonfabrik", *SPATIF-u* „Vereinigung poln. Theater- und Filmschaffender". Zur Deklination der Abkürzungen s. § 14.5.

Gelegentlich werden durch die verschiedene Endung Bedeutungsunterschiede ausgedrückt: *drut-u* „Draht", *drut-a* „Stricknadel"; *geniusz-u* „Genie", *geniusz-a* „genialer Mensch"; *kantor-u* „Kontor", *kantor-a* „Kantor"; *legat-u* „Vermächtnis", *legat-a* „Abgesandter"; *przypadek, przypadku* „Zufall", *przypadek, przypadka* „Kasus"; *zamek, zamku* „Schloß, Burg", *zamek, zamka* „Türschloß"; *zbieg-u* „Zusammentreffen", *zbieg-a* „Flüchtling".

Ortsnamen haben teils -*a* teils -*u*. Die polnischen oder polonisierten Namen haben meist -*a*, *Kraków, Krakowa* „Krakau" *Gdańsk-a* „Danzig", *Wrocław-ia* „Breslau", *Malbork-a* „Marienburg", *Królewiec, Królewca* „Königsberg", *Śląsk-a* „Schlesien", ebenso die Namen auf -*berg* und -*burg*, *Heidelberg-a, Hamburg-a*. Ferner *Berlin-a, Paryż-a*. Fremde Ortsbezeichnungen haben meist -*u*, *Frankfurt-u, Londyn-u, Madryt-u, Pekin-u* „Peking", *Sztokholm-u, Rzym-u* „Rom".

4. Der Dativ lautet regelmäßig auf -*owi* aus.

Folgende, meist einsilbige Substantiva haben jedoch die Endung -*u*; *Bóg* „Gott", *Bogu*; *brat-u* „Bruder"; *chłop-u* „Bauer", *chłopiec* „Junge", *chłopcu*; *człek-u* „Mensch" od. *człekowi*; *dech* „Atem", *tchu* od. *tchowi*; *diabeł* „Teufel", *diabłu*; *kat-u* „Henker" od. *katowi*; *kot-u* „Katze" od. *kotowi*; *ksiądz* „Priester", *księdzu*; *lew* „Löwe", *lwu* od. *lwowi*; *ojciec* „Vater", *ojcu*; *pan-u* „Herr"; *pies* „Hund", *psu*; *sen* „Schlaf", *snu* od. *snowi*; *świat-u* „Welt".

5. Der Akkusativ lautet wie der Genitiv bei Lebewesen, d. h. bei Menschen und Tieren sowie auch bei verstorbenen und überirdischen Personen. Ausnahmen sind, *wyjść za mąż* „heiraten" (einen Mann), *siąść na koń* „aufs Pferd steigen". Bei leblosen Gegenständen lautet der Akk. wie der Nom. Ausnahmen von dieser Regel, wie z. B. *tańczyć walca* „Walzer tanzen", *palić papierosa* „Zigarette rauchen" s. u. Syntax § 63, II, 4.

6. Die Instrumentalendung *em* <ъмъ der harten Stämme hat ein „hartes" *e*, deshalb Erweichung nur vor *k* u. *g*, s. § 4, 2; *Polakiem, Bogiem*.

7. Der Lokativ der harten Stämme lautet auf *e* <ě aus, wobei die Erweichung des vorhergehenden Konsonanten zu beachten ist, s. § 4, 1 Tabelle I; *chłop, chłopie; stół, stole; but, bucie; teatr, teatrze* usw.

Bei einigen Substantiven begegnet in der Wurzelsilbe der Wechsel von *e:o* bzw. *e:a*, s. § 4, 4; *kościół* „Kirche", *kościele; anioł* „Engel", *aniele; przód* „Vorderteil", *przedzie* od. *przodzie; popiół* Asche" *popiele; las* „Wald", *lesie; obiad* „Mittagsessen", *obiedzie; powiat* „Bezirk, Kreis", *powiecie; sąsiad* „Nachbar", *sąsiedzie; świat* „Welt", *świecie; zjazd* „Kongreß", *zjeździe;* sowie alle mit *-jazd* „Fahrt" zusammengesetzten Substantiva. Bei anderen Wörtern wird der Wurzelvokal des Nom. auch im Lok. beibehalten.

Die auf *g, k, ch* auslautenden Substantiva haben die Endung *-u, Bóg, Bogu; Polak, Polaku; grzech* „Sünde", *grzechu.* Außerdem haben *-u, dom-u* „Haus", *pan-u* „Herr", *syn-u* „Sohn", *bór* „Wald", *boru* od. *borze.*
Der Lokativ der weichen Stämme hat durchgehend die Endung *-u.*

8. Der Vokativ lautet bei fast allen Wörtern wie der entsprechende Lokativ. Es gibt folgende Ausnahmen:

Bei den harten Stämmen *Bóg, Boże* mit Bewahrung der alten Vokativendung *-e* und Erweichung nach § 4, 1 Tabelle II; *pan-ie; lud-u* „Volk"; *dziad-u* „Bettler" neben *dziadzie;* neben *człowiek-u, człek-u* „Mensch" begegnet veralt. *człowiecze, człecze; Kozak-u* „Kosak" neben *Kozacze.*

Bei den weichen Stämmen haben die Substantiva auf -(i)ec,
sofern sie Lebewesen bezeichnen, die Endung -cze, *Niemiec*,
Niemcze; *ojciec* „Vater", *ojcze*; *krogulec* „Sperber", *krogulcze*;
dagegen *palec* „Finger", *palcu*.

§ 7. Plural

harte und weiche Stämme

Die Kasusendungen lauten:

	Nom	Gen. Dat.	Akk.	Instr. Lok. Vok.
hart	*owie, i, y*	*ów* *om*	Nom. od. Gen.	*ami* *ach* Nom
weich	*owie, e*	*ów, i om*	Nom. od. Gen.	*ami* *ach* Nom.

Bis auf den Nom. und Gen. sind die Kasusendungen der
harten und weichen Stämme gleichlautend. Bei Substantiven,
die männliche Personen bezeichnen, ist der Akk. gleich dem
Gen., sonst lautet er wie der Nom. Der Vok. ist mit dem Nom.
identisch.

	hart		weich	
Nom.	chłopi	Polacy	karpie	Niemcy
Gen.	chłopów	Polaków	karpi	Niemców
Dat.	chłopom	Polakom	karpiom	Niemcom
Akk.	chłopów	Polaków	karpie	Niemców
Instr.	chłopami	Polakami	karpiami	Niemcami
Lok.	chłopach	Polakach	karpiach	Niemcach
Vok.	chłopi	Polacy	karpie	Niemcy

	panowie	stoły	warunki	mężowie	pokoje
Nom.	panowie	stoły	warunki	mężowie	pokoje
Gen.	panów	stołów	warunków	mężów	pokojów
					(pokoi)
Dat.	panom	stołom	warunkom	mężom	pokojom
Akk.	panów	stoły	warunki	mężów	pokoje
Instr.	panami	stołami	warunkami	mężami	pokojami
Lok.	panach	stołach	warunkach	mężach	pokojach
Vok.	panowie	stoły	warunki	mężowie	pokoje

Bemerkungen

Im Nominativ (Vokativ) unterscheidet man zwischen Personal- und Sachform. Die Personalform gilt für alle männlichen Personen, die Sachform für alle übrigen Substantiva, also Tiere, Gegenstände und Begriffe.

1. Personalform. Sowohl bei den harten als auch bei den weichen Stämmen begegnet bei einer begrenzten Anzahl von Wörtern die Endung *-owie*, sofern sie Amt, Würde, Verwandtschaft oder Nationalität ausdrücken, z. B. *Bóg, Bogowie; anioł* „Engel", *aniołowie; pan-owie; król-owie* „Könige"; *profesor-owie; oficer-owie; ojciec, ojcowie; syn-owie* „Söhne" *mąż, mężowie; Arab-owie; Pers-owie.*

Findet diese Endung keine Anwendung, so wird bei den harten Stämmen *-i*, bei den weichen *-e* angefügt.

a) harte Stämme. Personalform *-i* mit Erweichung des vorhergehenden Konsonanten, s. Lautveränderungen § 4, 1, Tabelle III, *chłop, chłopi; student, studenci; Szwed* „Schwede", *Szwedzi* usw. Die auf *-k, -g und -r* auslautenden Substantiva haben *-cy, -dzy* und *-rzy*, da hier urspr. *i* zu *y* werden muß, s. § 4, 6; *Polak, Polacy; filolog* „Philologe", *filolodzy; doktor, doktorzy.* Die auf *-ch* auslautenden haben *-si, Włoch* „Italiener", *Włosi.*

Sąsiad „Nachbar" hat *sąsiedzi*; sehr selten begegnet *anieli* zu anioł, zum Vokalwechsel s. § 4, 4.

Bei einer Reihe von Wörtern schwankt der Sprachgebrauch zwischen *-owie* und *-i, ambasador-owie* „Botschafter" od. *ambasadorzy; astrolog-owie* od. *astrolodzy* und andere Fremdwörter auf *-log; bohater-owie* „Held" od. *bohaterzy* u. a.

Bei einigen Wörtern gebraucht man neben der Personalendung *-i* die Endung der Sachform *-y*. Letztere verleiht dem Wort einen pejorativen Sinn, z. B. *chuligan-y* „Halbstarker,, neben *chuligani; diabły* „Teufel" neben *diabli; kat-y* „Henker" u. *kaci; łotr-y* „Spitzbuben", seltener *łotrzy; sługus-y* „Diener" neben *sługusi; żarłok-i* „Vielfraß" neben *żarłocy*. Hierher gehört auch *bogi* „Götzen".

b) weiche Stämme. Personalform *-e, goście* „Gäste" zu *gość; żołnierz-e* „Soldaten", *nauczyciel-e* „Lehrer". Die Substantiva auf *-(i)ec*, die Personen bezeichnen, haben jedoch

Das Substantiv

-cy, *Niemcy*; *kupiec* „Kaufmann", *kupcy*; *mieszkaniec* „Einwohner", *mieszkańcy*.

2. Sachform

a) harte Stämme. Sie haben die Endung *-y*, *stół*, *stoły*. Jedoch *warunki*, da hier *y* nach *k* u. *g* zu *i* wird, s. § 4, 7. Ebenso *ptak* „Vogel" *ptaki* u. a.

Bei Fremdwörtern wie *dokumenty, elementy, punkty, testamenty*; *koszty* „Kosten", *grunty* „Grundstücke" begegnete früher die Endung *-a*, *koszta*, *grunta* usw. Jetzt haben sich die Formen mit *-y* durchgesetzt. Die beiden Endungen dienen heute zur Bedeutungsdifferenzierung bei *akta* „Dokumente, Akten", *akty* „Akte (Theater, Malerei, Amtshandlungen)"; *organa (organy)* „Staatsorgane", *organy* „Orgel, Körperorgane". *Cud* „Wunder" hat *cuda*, seltener *cudy*.

Die Fremdwörter auf *-ans* haben *-e* oder *-y*, *awanse, -sy* „Vorwärtskommen"; *bilanse, -sy* „Bilanzen"; *dyliżanse, -sy* „Postkutsche"; *fajanse, -sy* „Fayence"; *niuanse, -sy* „Nuancen", *romanse, -sy* „Romanzen, Romane". Nur *-e* haben *alianse* „Allianzen"; *kwadranse* „Viertelstunden".

b) weiche Stämme. Endung *-e*, *pokój*, *pokoje*; *karp-ie palec* „Finger", *palce*; *miesiąc-e* „Monate", *kamień* „Stein", *kamienie*.

Etwas vereinfacht sieht die Verteilung der Nominativendungen also folgendermaßen aus.

harte Stämme		-owie	weiche Stämme	
Sachform	Personalform		Personalform	Sachform
-y	*i*		*-e*	*-e*

3. Genitivendung.

Harte Stämme haben die Endung *-ów*, *chłopów*; *Polaków*; *panów*; *stołów*; *warunków*.

Weiche Stämme. Die Endung *-ów* haben die Substantiva, die im Nom. Pl. auf *-owie* ausgehen, *mężowie, mężów*; *ojcowie*, *ojców*; *królowie, królów* (jedoch *święto Trzech Króli* „Dreikönigsfest").

Die Endung *-ów* haben ferner die auf *-j* und *-c* endigenden Wörter, *kraj-ów* „Länder"; *nastrój* „Stimmung" *nastrojów*;

pokój differenziert nach der Bedeutung, *pokojów* od. *pokoi* „Zimmer“, *pokojów* „Friedensverträge“; *Niemiec, Niemców*; *palec, palców*.

Die auf *-ąc -(ądz)* auslautenden Wörter haben jedoch *-ęcy -(ędzy)*, *miesiąc* „Monat“ *miesięcy*; *tysiąc* „Tausend“, *tysięcy*; *zając* „Hase“, *zajęcy*; *pieniądze* Nom. Pl. „Geld“, *pieniędzy*.

Die übrigen weichen Substantiva haben meist *-i*, *karp-i*; *koń* „Pferd“, *koni*; *nauczyciel-i* „Lehrer“. Nach Zischlauten wird *i* zu *y*, s. § 4, 6. Hierhin gehören zahlreiche Wörter auf *-arz, -aż, -erz, -eż*, die früher auch Nebenformen auf *-ów* aufwiesen, *drukarz-y* „Drucker“, *kanclerz-y* „Kanzler“, *talerz-y* „Teller“. Die auf *-acz, -ocz, -orz* endenden Substantiva haben *-y* oder *-ów*, *badacz-y* „Forscher“ od. *badaczów*; *warkocz-y* „Zöpfe“ od. *warkoczów*; *węgorz-y* „Aale“ od. *węgorzów*.

4. Der Akkusativ lautet bei männlichen Personen wie der Genitiv, *Niemców, Polaków*, jedoch *konie* „Pferde“, da keine männliche Person.

5. Der Instrumental lautet regelmäßig auf *-ami* aus, in einigen Fällen jedoch auf *-mi*, *gość-mi* „mit den Gästen“, *koń-mi* „mit den Pferden“, *liść-mi* „mit den Blättern“, *ludźmi* zu *ludzie* „Leute“. Ferner *księżmi* zu *ksiądz* „Priester“, *braćmi* zu *brat* „Bruder“, *przyjaciółmi* zu *przyjaciel* „Freund“, *pieniędzmi* zu *pieniądze* „Geld“. Zu letzteren Formen s. § 14, 6.

In einigen Redewendungen begegnet noch der alte Instr. auf *-y*, *dawnymi czasy* „in alten Zeiten“.

6. Der Lokativ lautet auf *-ach*. Zu den Ländernamen mit dem Lok. auf *-ech*, s. § 14, 2 b.

§ 8. Deklination der Feminina auf -a
harte und weiche Stämme

Weich sind die auf einen weichen bzw. historisch weichen Konsonanten, s. § 5, sowie die auf *-ia, -ja* auslautenden Stämme.

Die Kasusendungen lauten:

Singular

	Nom.	Gen.	Dat.	Akk.	Instr.	Lok.	Vok.
hart	-a	-y	-e	-ę	-ą	-e	-o
weich	-a	-i	-i	-ę	-ą	-i	-o

Plural

	Nom.	Gen.	Dat.	Akk.	Instr.	Lok.	Vok.
hart	-y	—	-om	Nom.	-ami	-ach	Nom.
weich	-e	—,-i	-om	Nom.	-ami	-ach	Nom.

Bei den harten Stämmen erweicht das -e des Dat./Lok. Sg. den vorhergehenden Konsonanten, s. u.

Singular

	hart		weich	
	Wasser	Mutter	Hemd	Strasse
Nom.	woda	matka	koszula	ulica
Gen.	wody	matki	koszuli	ulicy
Dat.	wodzie	matce	koszuli	ulicy
Akk.	wodę	matkę	koszulę	ulicę
Instr.	wodą	matką	koszulą	ulicą
Lok.	wodzie	matce	koszuli	ulicy
Vok.	wodo	matko	koszulo	ulico

Plural

Nom.	wody	matki	koszule	ulice
Gen.	wód	matek	koszul	ulic
Dat.	wodom	matkom	koszulom	ulicom
Akk.	wody	matki	koszule	ulice
Instr.	wodami	matkami	koszulami	ulicami
Lok.	wodach	matkach	koszulach	ulicach
Vok.	wody	matki	koszule	ulice

Weitere Beispiele zu den weichen Stämmen:

Singular

	Küche	Geschichte	Revolution
Nom.	kuchnia	historia	rewolucja
Gen.	kuchni	historii	rewolucji
Dat.	kuchni	historii	rewolucji
Akk.	kuchnię	historię	rewolucję
Instr.	kuchnią	historią	rewolucją
Lok.	kuchni	historii	rewolucji
Vok.	kuchnio	historio	rewolucjo

Plural

	Küche	Geschichte	Revolution
Nom.	kuchnie	historie	rewolucje
Gen.	kuchni	historii	rewolucji
	(kuchen)	(historij)	(rewolucyj)
Dat.	kuchniom	historiom	rewolucjom
Akk.	kuchnie	historie	rewolucje
Instr.	kuchniami	historiami	rewolucjami
Lok.	kuchniach	historiach	rewolucjach
Vok.	kuchnie	historie	rewolucje

Bemerkungen

1. Wandel von *y* zu *i*, s. § 4, 7. Im Gen.Sg. und Nom.(Akk., Vok.) Pl. der harten Stämme wird urspr. *y* nach *k* u. *g* zu *i*, *wody* aber *matki*; *nogi* zu *noga* „Bein".

2. Wandel von *i* zu *y*, s. § 4, 6. Im Gen. Dat. Lok. der weichen Stämme wird urspr. *i* nach historisch weichen Konsonanten zu *y*, *koszuli*, aber *ulicy*; *władzy* zu *władza* „Macht"; *burzy* zu *burza* „Sturm" usw.

3. Polnische oder polonisierte Substantiva auf *-ia* haben im Gen. Dat. Lok. Sg. *-i*, *kuchni* zu *kuchnia*, *ziemi* zu *ziemia* „Land". Dagegen haben Fremdwörter auf *-ia* in den erwähnten Kasus *-ii*, *historii* zu *historia*.

4. Dat. Lok. Sg. harte Stämme. Das auslautende *e* < *ĕ* verändert den vorhergehenden Konsonanten, § 4, 1. Tabelle I, *woda, wodzie*; *kobieta* „Frau", *kobiecie*; *perła* „Perle", *perle*;

matka, matce; noga, nodze; mucha „Fliege", *musze; gra* „Spiel" *grze* usw.

Bei einigen Wörtern ist noch der alte Wechsel von *e : a* zu erkennen, s. § 4, 4; *gwiazda* „Stern", *gwieździe; niewiasta* „Frau", *niewieście,; wiara* „Glaube", *wierze; miara* „Maß", *mierze; jazda* „Fahrt", *jeździe*. Sonst aber wird der Wurzelvokal des Nom. Sg. auch in den obliquen Kasus beibehalten.

5. Vok. Sg. Die Diminutiva weiblicher Personen(namen) auf *-ia* und *-la* haben im Vok. Sg. die Endung *-u, Zosia* „Sophiechen", *Zosiu; Ola* "Olgachen", *Olu; babcia* „Oma", *babciu; ciocia* „Tantchen", *ciociu*.

6. Gen. Pl. Der Gen. Pl. ist endungslos. Dadurch sind verschiedene Lautveränderungen bedingt.

a) Wechsel von *o : ó, ę : ą,* s. § 4, 3. Dieser Wechsel begegnet hier auch vor stimmlosen Konsonanten, nicht aber vor *n; noga* „Bein", *nóg; woda* „Wasser", *wód; głowa* „Kopf", *głów; robota* „Arbeit", *robót; stopa* „Fuß", *stóp; księga* „Buch", *ksiąg; ręka* „Hand", *rąk; męka* „Qual", *mąk;* aber: *żona* „Ehefrau", *żon*.

Von dieser Regel gibt es einige Ausnahmen; *kor-a* „Rinde", *nor-a* „Höhle", *os-a* „Wespe", *rot-a* „Rotte", *sierot-a* „Waise", *torb-a* „Tasche" neben *toreb; zmor-a* „Alpdruck", *zgryzot-a* „Kummer"; ferner: *gawęd-a* „Unterhaltung", *jędz-a* „Hexe", *nędz-a* „Not", *pięt-a* „Ferse", *potęg-a* „Macht", *pręg-a* „Strieme", *rzęs-a* „Augenwimper", *zięb-a* „Fink".

b) „Flüchtiges" *e*. Endet ein Substantiv mit einer Konsonantenhäufung, so erscheint häufig zwischen den Endkonsonanten ein *(i)e*. Es handelt sich um das „flüchtige" *e*, s. § 4,8 oder um entsprechende Analogiebildungen; *mgła* „Nebel", *mgieł; łza* „Träne", *łez; pchła* „Floh", *pcheł; gra* „Spiel", *gier; skra* „Funke", *skier; panna* „Fräulein", *panien; owca* „Schaf", *owiec; grzywna* „Geldstrafe", *grzywien; sosna* „Kiefer", *sosen*. Ferner bei vielen Wörtern mit der Endung *-ka; matka* „Mutter", *matek; marka* „Mark", *marek; książka* „Buch", *książek* usw.

Der Einschub von *e* unterbleibt bei einer Reihe von Wörtern, z. B. *ark-a* „Arche", *bark-a* „Barke", *blizn-a* „Narbe", *cyfr-a*

„Ziffer", *cytr-a* „Zither", *gonitw-a* „Wettlauf", *groźba* „Drohung",
gróźb, *gwiazd-a* „Stern", *izb-a* „Kammer", *kadr-a* „Kader",
klątw-a „Fluch", *klęsk-a* „Niederlage", *kuropatw-a* „Rebhuhn",
kolumn-a „Säule", *liczb-a* „Zahl", *łask-a* „Gnade", *modlitw-a*
„Gebet", *prośba* „Bitte", *próśb*; *siostra* „Schwester", *sióstr*: *trosk-a*
„Sorge", *warg-a* „Lippe", *warstw-a* „Schicht", *wierzb-a* „Weiden-
baum", *wysp-a* „Insel", *wydm-a* „Düne".

Manche Wörter haben Parallelformen, *bitwa* „Schlacht", *bitew*
u. *bitw*; *łyżwa* „Schlittschuh", *łyżew* u. *łyżw*; *tratwa* „Floß", *tratew* u.
tratw.

c) **Wörter auf -nia mit vorhergehendem Konsonanten**
haben im Gen. Pl. *-ni*; *piekarnia* „Bäckerei", *piekarni*; *dru-
karnia* „Druckerei", *drukarni*; *spółdzielnia* „Genossenschaft",
spółdzielni. Parallelformen haben *kuchnia* „Küche", *kuchni*
u. *kuchen*; *wiśnia* „Kirsche", *wiśni* u. *wisien*; *stajnia* „Stall",
stajni u. *stajen*; *studnia* „Brunnen", *studni* u. *studzien*;
suknia „Kleid", *sukni* u. *sukien*.

d) **Fremdwörter auf -ia, -ja** haben im Gen. Pl. dieselbe
Endung wie im Gen. Sg.; *historia*, *historii*; *rewolucja*, *rewo-
lucji*. Im Pl. gibt es noch die Nebenformen auf *-ij* bzw. *-yj*;
historij, *rewolucyj*.

e) **Wörter auf -la** schwanken im Gen. Pl.

Endungslos sind: *akwarel-a* „Aquarell", *bel-a* „Ballen", *karu-
zel-a* „Karussel", *klauzul-a* „Klausel", *paralel-a* „Parallele".

Auf *-i* enden: *aula* „Aula", *auli*; *czapla* „Reiher", *czapli*; *kon-
trola* „Kontrolle", *kontroli*; *parabola* „Parabel", *paraboli*.

Parellelformen haben: *aureola* „Aureole", *aureol-i*; *chochla*
„Schöpflöffel", *chochel* u. *chochli*; *grobla* „Damm", *grobel* u. *grobli*;
hiperbola „Hyperbel", *hiperbol-i*; *kapeia* „Kapelle", *kapel-i*;
kropla „Tropfen", *kropel*, *kropli*; *muszla* „Muschel", *muszel*, *muszli*;
parcela „Parzelle", *parcel-i*; *szufla* „Schaufel", *szufel*, *szufli*;
szabla „Säbel", *szabel*, *szabli*; *tafla* „Tafel", *tafel*, *tafli*.

f) *msza* „Messe", *oberża* „Herberge", *obroża* „Halsband", *pomu-
rańcza* „Apfelsine", *rogoża* „Binsenmatte", *wieczerza* „Abendbrot,
Abendmahl", *rękojmia* „Bürgschaft" haben im Gen. *mszy*, *oberż*,
obroży, *pomarańczy*, *rogoży* (*rogóż*), *wieczerzy*, *rękojmi*. *Nuda* „Lange-
weile" hat im Gen. Pl. *nudów*.

7. Die Substantiva *szyja* „Hals", *żmija* „Otter", *nadzieja*
„Hoffnung", *zawieja* „Schneeverwehung", *idea* „Idee", *alea*

„Allee", bei denen vor der Endung *-ja* bzw. *-a* noch ein Vokal steht, haben folgende Deklination.

Sg. Nom. szyja, Gen. Dat. Lok. szyi, Akk. szyję, Instr. szyją, Vok. szyjo. Pl. Nom. Akk. Vok. szyje, Gen. szyj, Dat. szyjom, Instr. szyjami, Lok. szyjach, .Sg. Nom. idea, Gen. Dat. Lok. idei, Akk. ideę, Instr. ideą, Vok. ideo. Pl. Nom. Akk. Vok. idee, Gen. idei, Dat. ideom, Instr. ideami, Lok. ideach.

§ 9. Deklination der Maskulina auf -a

(Gemischte Deklination)

Es gibt zahlreiche Substantiva auf *-a*, die männliche Personen bezeichnen. Hierzu gehören viele Fremdwörter, *poeta, demokrata, kolega, artysta, socjalista* (den dtsch. Wörtern auf *-ist* entspricht im Poln. immer *-ysta, -ista*) aber auch echtpoln. Bildungen, *wojewoda* „Woiwode", *sługa* „Diener", *cieśla* „Zimmermann", *dozorca* „Aufseher" und Eigennamen auf *-a*, *Gomułka*. Sie werden regelmäßig dekliniert, der Singular jedoch nach der femininen, der Plural nach der maskulinen Deklination. Ein dazugehöriges Adjektiv und Pronomen steht in der maskulinen Form, *ten dobry kolega* „dieser gute Kollege".

Singular

Nom.	kolega	socjalista	dozorca	cieśla
Gen.	kolegi	socjalisty	dozorcy	cieśli
Dat.	koledze	socjaliście	dozorcy	cieśli
Akk.	kolegę	socjalistę	dozorcę	cieślę
Instr.	kolegą	socjalistą	dozorcą	cieślą
Lok.	koledze	socjaliście	dozorcy	cieśli
Vok.	kolego	socjalisto	dozorco	cieślo

Plural

Nom.	koledzy	socjaliści	dozorcy	cieśle
Gen.	kolegów	socjalistów	dozorców	cieśli (cieślów)
Dat.	kolegom	socjalistom	dororcom	cieślom

Akk.	kolegów	socjalistów	dozorców	cieśli
				(cieślów)
Instr.	kolegami	socjalistami	dozorcami	cieślami
Lok.	kolegach	socjalistach	dozorcach	cieślach
Vok.	koledzy	socjaliści	dozorcy	cieśle

Bemerkungen

1. Nom. Pl. Es herrscht die Endung *-i* vor, bzw. daraus nach den bekannten Lautgesetzen *-y*.

Die Endung *-owie* haben, *wojewodowie* zu *wojewoda*; *starostowie* zu *starosta* „Starost, Kreisvorsteher"; *radcowie* zu *radca* „Rat"; *monarchowie* zu *monarcha* „Monarch". *Woźnica* „Fuhrmann" lautet *woźnice*.

Wörter mit pejorativer Bedeutung haben im Nom. Pl. die Endung *-y* der Sachform, vgl. § 7,1a, S. 29, *gaduła* „Schwätzer", *gaduły*; *klecha* „Pfaffe", *klechy*; *niezdara* „Tölpel", *niezdary*, *safanduła* „Schlafmütze", *safanduły*; *wiercipięta* „Windbeutel" *wiercipięty*; *włóczęga* „Landstreicher", *włóczęgi* usw.

2. Einige Wörter haben im Pl. eine etwas abweichende Bildung, nämlich *mężczyzna* „Mann", *sługa* „Diener", *kaleka* „Krüppel", *sierota* „Waise". Nom. *mężczyźni*; *sludzy* od. *sługi*; *kaleki*; *sieroty*. Gen. *mężczyzn*, *sług*, *kalek*, *sierot*. Akk. *mężczyzn*, *sług* od. *sługi*, *kaleki*, *sieroty*.

3. Nach den obigen Beispielen werden auch die Eigennamen dekliniert. Sie haben im Nom. Pl. immer *-owie*. Sg. *Gomułka, Gomułki, Gomułce* usw., Pl. *Gomułkowie, Gomułków* usw.

4. Unregelmäßig gehen *sędzia* „Richter", *hrabia* „Graf" (*margrabia* „Markgraf", *burgrabia* „Burggraf").

	Singular	Plural
Nom.	sędzia	sędziowic
Gen.	sędziego (sędzi)	sędziów
Dat.	sędziemu (sędzi)	sędziom
Akk.	sędziego (sędzię)	sędziów
Instr.	sędzią	sędziami
Lok.	sędzi, sędzim	sędziach
Vok.	sędzio	sędziowie

Ebenso *hrabia, hrabiego* usw. Die eingeklammerten Formen
sind heute veraltet.

§ 10. Deklination der Feminina auf -i

Hierzu gehören die Substantiva auf -*yni* (-*ini*), *gospodyni*
„Wirtin", *bogini* „Göttin", *mistrzyni* „Meisterin". Diese
Endung haben vor allem die fem. Entsprechungen zu den
Maskulina auf -*ca*, s. § 9, *dozorca* „Aufseher", *dozorczyni*
„Aufseherin"; *morderca* „Mörder", *morderczyni* „Mörderin"
usw. Außerdem *pani* „Frau, Dame" mit unregelmäßigem Akk.
Sg. *panią*.

Die Kasusendungen lauten:

	Nom.	Gen.	Dat.	Akk.	Instr.	Lok.	Vok.
Singular	-*i*	-*i*	-*i*	-*ę*	-*ą*	-*i*	-*i*
Plural	-*e*	—	-*om*	Nom.	-*ami*	-*ach*	Nom.

	Singular		Plural	
Nom.	gospodyni	pani	gospodynie	panie
Gen.	gospodyni	pani	gospodyń	pań
Dat.	gospodyni	pani	gospodyniom	paniom
Akk.	gospodynię	panią	gospodynie	panie
Instr.	gospodynią	panią	gospodyniami	paniami
Lok.	gospodyni	pani	gospodyniach	paniach
Vok.	gospodyni	pani	gospodynie	panie

§ 11. Deklination der Feminina auf Konsonant
(i-Deklination)

Die hierher gehörenden Substantiva enden auf einen weichen oder „historisch" weichen Konsonanten sowie auf l
und j, vgl. § 5; *kość* „Knochen", *rzecz* „Sache", *sól* „Salz", in
manchen Fällen auch auf einen Labial; *głąb* „Tiefe", *brew*
„Augenbraue". Außer einer Anzahl von Wörtern, die Sachen
bezeichnen, handelt es sich oft um Abstrakta auf -*ość*; *wia-
domość* „Nachricht".

Da diese Feminina im Nom. (Akk.) mit den weichstämmigen Maskulina gleichlautend sind, ist hier das Genus nicht an der Endung des Nom., sondern an der des Gen. Sg. zu erkennen; *kieszeń, kieszeni* fem. „Tasche"; *kamień, kamienia* mask. „Stein".

Die Kasusendungen lauten:

	Nom.	Gen.	Dat.	Akk.	Instr.	Lok.	Vok.
Singular	—	-*i*	-*i*	Nom.	-*ą*	-*i*	-*i*
Plural	-*i*,-*e*	-*i*	-*om*	Nom.	-*ami*	-*ach*	Nom.

Im Sg. enden also Gen. Dat. Lok. und Vok. auf -*i*, deshalb i-Deklination. Im Pl. sind Nom. Akk. und Vok. gleichlautend.

	Singular		Plural	
Nom.	wiadomość	rzecz	wiadomości	rzeczy
Gen.	wiadomości	rzeczy	wiadomości	rzeczy
Dat.	wiadomości	rzeczy	wiadomościom	rzeczom
Akk.	wiadomość	rzecz	wiadomości	rzeczy
Instr.	wiadomością	rzeczą	wiadomościami	rzeczami
Lok.	wiadomości	rzeczy	wiadomościach	rzeczach
Vok.	wiadomości	rzeczy	wiadomości	rzeczy

Bemerkungen

1. Es sind verschiedene Lautveränderungen zu beachten.

a) Nach den „historisch" weichen Kons. wird *i* zu *y*, s. § 4, 6, *wiadomości*, aber *rzeczy*.

b) Wechsel von *o* : *ó*, *ę* : *ą*, s. § 4,3, bei *sól* „Salz", *soli*; *łódź* „Boot", *łodzi*; aber *podróż* „Reise", *podróży*; *głąb* „Tiefe", *głębi*; *gałąź* „Zweig", *gałęzi*; *żołądź* „Eichel", *żołędzi*.

c) Ausfall von *e* ab Gen. in folgenden Wörtern: *brew* „Augenbraue", *brwi*; *cerkiew* „orthodoxe Kirche";, *cerkwi*;; *chorągiew* „Fahne", *chorągwi*; *cześć* „Ehre", *czci*; *konew* „Krug", *konwi*; *krew* „Blut", *krwi*; *krokiew* „Dachsparren", *krokwi*; *marchew* „Mohrrübe", *marchwi*; *płeć* „Geschlecht, *płci*; *rzodkiew*, „Rettich", *rzodkwi*; *stągiew* „Bottich", *stągwi*; *wesz* „Laus", *wszy*; *wieś*, „Dorf", *wsi*.

2. Nom. (Akk. Vok.) Pl. Die ursprüngliche Endung ist -*i*. Daneben beginnt sich immer mehr die Endung -*e* von den weichstämmigen Feminina auf -*a* auszubreiten. Die zahl-

reichen Abstrakta auf *ość* haben -*i*, *możliwość* „Möglichkeit",
możliwości; *nowość* „Neuheit", *nowości* usw. Sonst überwiegt
-*e*.

z. B. *dłoń* „Hand(fläche)", *dłonie*; *gałąź* „Zweig", *gałęzie*;
kieszeń „Tasche", *kieszenie*; *kolej* „Bahn", *koleje*; *łódź* „Boot",
łodzie; *moc* „Kraft, Macht", *moce*; *noc* „Nacht", *noce*; *oś* „Achse",
osie; *pieczęć* „Siegel", *pieczęcie*; *podróż* „Reise", *podróże*; *poręcz*
„Lehne", *poręcze*; *pościel* „Bettzeug", *pościele*; *postać* „Gestalt",
postacie seltener *postaci*; *rozkosz* „Lust", *rozkosze*; *sól* „Salz",
sole; *twarz* „Gesicht", *twarze*, *wieś* „Dorf", *wsie* seltener *wsi*.
Außerdem haben -*e* die unter 1 c) aufgeführten Substantiva auf
-*ew*, *cerkiew*, *cerkwie* usw. Ausnahme: *brew*, *brwi*.

3. Instr. Pl. Neben der gewöhnlichen Endung -*ami* begegnet
in einigen Fällen -*mi*, *dłoń* „Hand", *dłońmi* neben *dłoniami*;
gałąź „Zweig", *gałęźmi* neben *gałęziami*; *kość* „Knochen",
kośćmi; *nić* „Faden", *nićmi*.

§ 12. Deklination der Neutra auf -o, -e
harte und weiche Stämme

Nach harten stammauslautenden Konsonanten steht -*o*,
nach weichen, „historisch" weichen sowie l u. j, s. § 5, steht -*e*.
Die Kasusendungen lauten:

Singular

	Nom.	Gen.	Dat.	Akk.	Instr.	Lok.	Vok.
hart	-o	-a	-u	Nom.	-em	-e,(-u)	Nom.
weich	-e	-a	-u	Nom.	-em	-u	Nom.

Plural

	Nom.	Gen.	Dat.	Akk.	Instr.	Lok.	Vok.
hart	-a	—	-om	Nom.	-ami	-ach	Nom.
weich	-a	-, (-i)	-om	Nom.	-ami	-ach	Nom.

Im Singular unterscheiden sich harte und weiche Stämme nur
im Nom. u. Lok. Das *e* des Lok. erweicht den vorhergehenden
Konsonanten. Im Plural besteht, von einigen Ausnahmen im
Gen. abgesehen, kein Unterschied in den Kasusendungen.
Nom. Akk. u. Vok. sind in den beiden Numeri jeweils gleich-
lautend.

Singular

	hart		weich	
	Baum	Schreibtisch	Meer	Meinung, Satz
Nom.	drzewo	biurko	morze	zdanie
Gen.	drzewa	biurka	morza	zdania
Dat.	drzewu	biurku	morzu	zdaniu
Akk.	drzewo	biurko	morze	zdanie
Instr.	drzewem	biurkiem	morzem	zdaniem
Lok.	drzewie	biurku	morzu	zdaniu
Vok.	drzewo	biurko	morze	zdanie

Plural

	hart		weich	
Nom.	drzewa	biurka	morza	zdania
Gen.	drzew	biurek	mórz	zdań
Dat.	drzewom	biurkom	morzom	zdaniom
Akk.	drzewa	biurka	morza	zdania
Instr.	drzewami	biurkami	morzami	zdaniami
Lok.	drzewach	biurkach	morzach	zdaniach
Vok.	drzewa	biurka	morza	zdania

Bemerkungen

1. Der Dat. Sg. von *południe* „Mittag, Süden" lautet *południowi*.

2. Im Instr. Sg. werden *k* und *g* vor *em* < ъмъ erweicht, s. § 4,2, deshalb *biurkiem*.

3. Der Lok. Sg. gleicht dem Lok. Sg. der Maskulina.

a) Die harten Stämme haben *e*<ě, welches den vorhergehenden Konsonanten verändert, s. § 4, 1 Tabelle I, *drzewo* „Baum", *drzewie*; *złoto* „Gold", *złocie*; *srebro* „Silber", *srebrze* usw.
Bei einigen Substantiven begegnet in der Wurzelsilbe der Wechsel von *e*:*o*, *e*:*a*, s. § 4, 4.
czoło „Stirn, Spitze", *na czole* „auf d. Stern", *na czele* „an d. Spitze"; *ciało* „Körper", *ciele*; *ciasto* „Teig", *cieście*; *gniazdo* „Nest", *gnieździe*; *lato* „Sommer, *lecie*; *miasto* „Stadt", *mieście*;

światło „Licht", *świetle.* Bei anderen Wörtern wird der Wurzelvokal des Nom. auch im Lok. beibehalten, *jezioro* „See", *jeziorze;* *żelazo* „Eisen", *żelazie* u. a.

Die auf *-go, -ko, -cho* auslautenden Substantiva haben die Endung *-u, biurko* „Schreibtisch", *biurku; ucho* „Ohr", *uchu.*

b) -Der Lok. der weichen Stämme hat durchgehend die Endung *-u.*

4. Der Gen. Pl. ist endungslos. Nur eine bestimmte Anzahl weichstämmiger Neutra haben *-i.*

a) Es begegnet der Wechsel von $o : ó, ę : ą,$ s. § 4, 3.

koło „Kreis", *kół; pole* „Feld", *pól; morze* „Meer", *mórz; słowo* „Wort", *słów; zboże* „Getreide", *zbóż; święto* „Fest", *świąt.* Jedoch *pęto* „Fessel", *pęt; pojęcie* „Begriff", *pojęć; zwycięstwo* „Sieg", *zwycięstw.*

b) Bei einer Konsonantenhäufung erscheint „flüchtiges" *(i)e*

bagno „Sumpf", *bagien; dno* „Boden", *den; cło* „Zoll", *ceł; gumno* „Tenne", *gumien; krosno* „Webstuhl", *krosien; okno* „Fenster", *okien; piętro* „Etage", *pięter; płótno* „Leinwand", *płócien; szkrzydło* „Flügel", *skrzydeł; sto* „Hundert", *set; szkło* „Glas", *szkieł; wiosło* „Ruder", *wioseł; źdźbło* „Halm", *źdźbeł* od. *ździebeł; żebro* „Rippe", *żeber.*

Die Endungen *-ctwo, -stwo, -dztwo, -sko, -smo, -sto* schieben kein *e* ein, *zwycięstwo* „Sieg", *zwycięstw; bogactwo* „Reichtum", *bogactw; wojsko* „Heer", *wojsk; pismo* „Schrift", *pism; miasto* „Stadt", *miast.* Ebenso *serce* „Herz", *serc; słońce* „Sonne", *słońc.*

c) Bei den weichauslautenden Substantiven haben manche im Gen. Pl. *-i* bzw. *-y* nach den „historisch" weichen Konsonanten.

z. B. *bezkrólewie* „Interregnum", *bezkrólewi; bezprawie* „Rechtlosigkeit", *-wi; dorzecze* „Flußgebiet", *-czy; narzecze* „Mundart", *-czy; narzędzie* „Werkzeug", *-dzi; nozdrze* „Nasenloch", *-drzy; *oblicze* „Angesicht", *oblicz(y); pobrzeże* „Küstenland", *-ży; poddasze* „Dachstube", *-szy; podłoże* „Unterlage", *-ży: podnóże* „Fußgestell", *-ży; podwórze* „Hof", *-rzy; podziemie* „Untergrund", *-mi; półrocze* „Semester", *-czy; przymierze* „Bündnis", *-rzy; pustkowie* „Einöde", *-wi; rozdroże* „Kreuzweg", *-ży; stulecie* „Jahrhundert", *-ci; ustronie* „entlegener Ort", *-ni; wezgłowie*

„Kopfkissen", -wi; *wybrzeże* „Küste", -*ży* ;*zacisze* „einsamer Ort",
-*szy*.

5. Im Instr. Pl. ist wie beim Mask. in einigen Redensarten
die alte Endung -*y* erhalten, *przed laty* „vor Jahren" *takimi
słowy* „mit solchen Worten" u. ä.

6. *Nasienie* „Samen" und *ziele* „Kraut" haben im Pl. *o*
für *e*, *nasiona, zioła*, Gen. *nasion, ziół* usw. *Niebo* „Himmel"
bildet den Plural *niebiosa, niebios, niebiosom* usw., jedoch
Vok. *o nieba* „um Himmelswillen", neben Lok. *niebiosach*
noch die ältere Form *niebiesiech*.

Über die Deklination der Neutra auf -*um* s. § 14, 6, von *oko*
und *ucho* s. § 14, 1. Eigennamen auf -*o* s. § 14, 4.

§ 13. Deklination der Neutra auf -mię und -ę

Abgesehen vom Nom. (Akk. Vok.) Sg. entsprechen die
Endungen im Sg. den weichstämmigen, im Plural den hartstämmigen Neutra. Charakteristisch für die Formen auf -*mię*
ist der Wechsel des Stammvokals *e* zu *o*, für die Wörter auf -*ę*
der Wechsel von *ć* zu *t* im Sg. und Pl.

	Singular		Plural	
	Name	Säugling		
Nom.	imię	niemowlę	imiona	niemowlęta
Gen.	imienia	niemowlęcia	imion	niemowląt
Dat.	imieniu	niemowlęciu	imionom	niemowlętom
Akk.	imię	niemowlę	imiona	niemowlęta
Instr.	imieniem	niemowlęciem	imionami	niemowlętami
Lok.	imieniu	niemowlęciu	imionach	niemowlętach
Vok.	imię	niemowlę	imiona	niemowlęta

1. Wie *imię* gehen noch folgende Wörter, *brzemię* „Last",
ciemię „Scheitel, *plemię* „Volksstamm", *ramię* „Arm, Schul-
ter", *siemię* „Samen", *strzemię* „Steigbügel", *wymię* „Euter",
znamię „Zeichen".

2. Die Substantiva auf -*ę* dienen zur Bezeichnung junger
Lebewesen vorzüglich bei Tieren, *jagnię* „Lamm", *cielę*
„Kalb", *źrebię* „Füllen", aber *zwierzę* „Tier" allgemein.
Zur Deklination von *książę* „Fürst" s. § 14,3

§ 14. Ergänzende Bemerkungen zu der Deklination der Substantiva aller Geschlechter

1. Reste des Duals

Ręka „Hand", *oko* „Auge", *ucho* „Ohr" bilden den Sg. regelmäßig, *ręki, ręce, rękę, ręką, ręce; oka, oku, oko, okiem, oku; ucha, uchu, ucho, uchem, uchu*; den Pl. wie folgt.

Nom.	ręce	oczy	uszy
Gen.	rąk	oczu, (oczów, ócz)	uszu, (uszów)
Dat.	rękom	oczom	uszom
Akk.	ręce	oczy	uszy
Instr.	rękami, (rękoma)	oczami, oczyma	uszami, (uszyma)
Lok.	rękach (ręku)	oczach	uszach
Vok.	ręce	oczy	uszy

Die Form *ręku* wird auch als Singular gebraucht, dann in übertragener Bedeutung, *w moim ręku* „in meiner Hand". *Oko* und *ucho* haben auch regelmäßige Pluralformen, *oka, ok; ucho, uch* usw., wobei *oka* „Maschen, Fettaugen in der Suppe", *ucha* „Henkel, Schlingen" bedeuten. Die eingeklammerten Formen werden seltener gebraucht.

2. Pluralia tantum

a) Manche Substantiva werden nur im Plural gebraucht. Zu merken ist neben dem Nom. jeweils auch der Gen. An diesem ist meistens erst das Genus zu erkennen. Einige Beispiele:

Nom. *drzwi* „Tür", Gen. *drzwi; dzieje* „Geschichte", *dziejów; imieniny* „Namenstag", *imienin; kajdany* „Fesseln", *kajdan; kleszcze* „Zange", *kleszczy; koszary* „Kaserne", *koszar; narty* „Ski", *nart; odwiedziny* „Besuch", *odwiedzin; okulary* „Brille", *okularów; plecy* „Schultern", *pleców; schody* „Treppe", *schodów; spodnie* „Hose", *spodni; urodziny* „Geburtstag", *urodzin; usta* „Mund", *ust; wczasy* „Urlaub", *wczasów*.

b) Auch zahlreiche geographische und Ländernamen sind Pluralia tantum.

z. B. *Alpy* „Alpen", *Alp*; *Ateny* „Athen", *Aten*; *Mazury* „Masuren", *Mazur*; *Chiny* „China", *Chin*; *Indie* „Indien", *Indii*; *Czechy* „Tschechei", *Czech*.

Eine teilweise abweichende Deklination haben *Niemcy* „Deutschland", *Prusy* „Preußen", *Włochy* „Italien", *Węgry* „Ungarn".

Nom.	Niemcy	Prusy	Włochy	Węgry
Gen.	Niemiec	Prus	Włoch	Węgier
Dat.	Niemcom	Prusom	Włochom	Węgrom
Akk.	Niemcy	Prusy	Włochy	Węgry
Instr.	Niemcami	Prusami	Włochami	Węgrami
Lok.	w Niemczech	w Prusach	we Włoszech	na Węgrzech
Vok.	Niemcy	Prusy	Włochy	Węgry

Regelmäßig gehen dazu die entsprechenden Völkernamen,

s. § 7,1, *Niemiec* „Deutscher", Pl. Nom. *Niemcy*, Gen. *Niemców*; *Prusak* „Preuße", *Prusacy*, *Prusaków*; *Włoch* „Italiener", *Włosi*, *Włochów*; *Węgier* „Ungar", *Węgrzy*, *Węgrów*.

3. Kollektivistische Pluralbildung

Brat „Bruder", *dziecko* „Kind", *człowiek* „Mensch" werden im Singular regelmäßig dekliniert. Der Plural ist abweichend.

Nom.	bracia	dzieci	ludzie
Gen.	braci	dzieci	ludzi
Dat.	braciom	dzieciom	ludziom
Akk.	braci	dzieci	ludzi
Instr.	braćmi	dziećmi	ludźmi
Lok.	braciach	dzieciach	ludziach
Vok.	bracia	dzieci	ludzie

Ksiądz „Geistlicher" und *książę* „Fürst" werden folgendermaßen dekliniert.

	Singular			Plural
Nom.	ksiądz	książę	księża	książęta
Gen.	księdza	księcia	księży	książąt
Dat.	księdzu	księciu	księżom	książętom
Akk.	księdza	księcia	księży	książąt
Instr.	księdzem	księciem	księżmi	książętami
Lok.	księdzu	księciu	księżach	książętach
Vok.	księże	książę	księża	książęta

Hierher gehören auch die Kollektivbegriffe auf *-stwo*, *państwo* „Herr und Frau", z. B. *państwo Wolscy* „Herr u. Frau Wolski", *małżeństwo* „Eheleute", *rodzeństwo* „Geschwister". Während *małżeństwo* u. *rodzeństwo* regelmäßig wie ein Neutrum dekliniert werden, geht *państwo* unregelmäßig; Nom. Vok. *państwo*, Gen. Akk. *państwa*, Dat. Lok. *państwu*, Instr. *państwem*. In der Bedeutung „Staat" hat *państwo* die normale Deklination der Neutra.

4. Deklination der Eigennamen auf -o.

1. Poln. bzw. slavische Familiennamen wie *Kościuszko*, *Fredro*, *Jagiełło*, *Hłasko* u. a. werden im Sg. nach dem Muster der femininen a-Deklination, im Pl. nach der maskulinen Deklination behandelt.

	Singular		Plural	
Nom.	Kościuszko	Jagiełło	Kościuszkowie	Jagiełłowie
Gen.	Kościuszki	Jagiełły	Kościuszków	Jagiełłów
Dat.	Kościuszce	Jagielle	Kościuszkom	Jagiełłom
Akk.	Kościuszkę	Jagiełłę	Kościuszków	Jagiełłów
Instr.	Kościuszką	Jagiełłą	Kościuszkami	Jagiełłami
Lok.	Kościuszce	Jagielle	Kościuszkach	Jagiełłach
Vok.	Kościuszko	Jagiełło	Kościuszkowie	Jagiełłowie

2. Die männliche Personen bezeichnenden Diminutivformen auf *-o*, *tatunio* „Papachen", *wyjcio* „Onkelchen" u. a. sowie die von Vornamen abgeleiteten, z. B. *Józio* zu *Józef* „Joseph" *Tadzio* zu *Tadeusz* „Thaddäus" werden nach der maskulinen Deklination abgewandelt, der Vok. Sg. hat *-u* der

Nom. Pl. *-owie*; *Tadzio, Tadzia, Tadziowi, Tadzia, Tadziem,*
Tadziu, Tadziu; Pl. *Tadziowie, Tadziów* usw.

5. Deklination der Abkürzungen

Silben- oder lautliche Zusammensetzungen werden dekliniert, *Pafawag* (*Państwowa Fabryka Wagonów*) „Staatliche
Wagonfabrik" Gen. *Pafawagu*; *baon* (*batalion*) Gen. *baonu*;
socrealizm „sozialistischer Realismus" Gen. *socrealizmu*.
Häufiger sind jedoch Buchstabenabkürzungen, *PRL*
(*Polska RzeczpospolitaLudowa*)„Poln. Volksrepublik"; *PZPR*
(*Polska Zjednoczona Partia Robotnicza*) „Poln. Vereinigte
Arbeiterpartei"; *PKO* (*Powszechna Kasa Oszędności*) „Allgemeine Sparkasse"; *PKP* (*Polskie Koleje Państwowe*)
„Poln. Staatseisenbahnen" u. v. a. Sie werden in der Regel
nicht dekliniert. Sie können dekliniert werden, wenn sie
häufig gebraucht werden und wenn beim Sprechen der Abkürzung im Auslaut ein Konsonant zu hören ist. Deswegen
kann es heißen *PZPR-u*, aber immer nur *PKO, PKP*, da hier
im Auslaut ein Vokal zu hören ist.

6. Weitere unregelmäßige Bildungen

Die Substantiva auf *-anin*, meist Eigennamen, *Rosjanin*
„Russe", *paryżanin* „Pariser", *mieszczanin* „Städter" usw.
gehen im Sg. regelmäßig. Im Pl. verlieren sie die Endung *-in*
und haben folgende Deklination. Nom. Vok. *Rosjanie*, Gen.
Akk. *Rosjan*, Dat. *Rosjanom*, Instr. *Rosjanami*, Lok. *Rosja*
nach. *Amerykanin* „Amerikaner" hat im Gen. Akk. Pl. *-ów*,
Amerykanów, ebenso die Angehörigen geistlicher Orden
dominikanin „Dominikaner", *franciszkanin* „Franziskaner"
u. a.
Przyjaciel „Freund" hat im Pl. Nom. Vok. *przyjaciele*,
Gen. Akk. *przyjaciół*, Dat. *przyjaciołom*, Instr. *przyjaciółmi*,
Lok. *przyjaciołach*. Ebenso *nieprzyjaciel* „Feind".
Das Plurale tantum *pieniądze* „Geld". Nom. Akk. Vok. *pie*
niądze, Gen. *pieniędzy*, Dat. *pieniądzom*, Instr. *pieniędzmi*,
Lok. *pieniądzach*.
Rok „Jahr" hat im Pl. *lata* (von *lato* „Sommer"), *lat,*
latom usw.

Raz, Gen. *razu* „Hieb,ʼSchlag" hat im Gen. Pl. regelmäßig *razów*, in der Bedeutung „mal" dagegen *razy*, *sześć razy* „sechs mal".

Dzień, Gen. *dnia* „Tag" hat im Lok. Sg. *w dniu* „an einem (bestimmten) Tag", jedoch: *we dnie i w nocy* „bei Tag und Nacht". Der Nom. Pl. lautet *dnie* oder *dni*, nach Zahlen immer *dni, dwa dni* „zwei Tage".

Chrzest „Taufe" und *dech* „Atem" haben „bewegliches" *e* und in den obliquen Kasus Konsonantenveränderung, *chrztu, tchu* usw.

Die Neutra auf *-um, gimnazjum, muzeum, akwarium, seminarium* usw. werden im Sg. nicht dekliniert. Im Pl. lautet die Deklination, Nom. Akk. Vok. *gimnazja*, Gen. *gimnazjów*, Dat. *gimnazjom* usw.

Album „Album", *kostium* „Kostüm" werden wie ein Maskulinum behandelt und auch im Sg. dekliniert, *albumu, albumowi*, Pl. *albumy, albumów*.

Einige wenige mit Adjektiven gebildete Substantiva composita deklinieren beide Teile, Nom. *rzeczpospolita* „Republik", Gen. Dat. Lok. *rzeczypospolitej*, Akk. *rzeczpospolitą*, Instr. *rzecząpospolitą*, Vok. *rzeczypospolita*. *Wielkanoc* „Ostern" dekliniert heute nur den zweiten Bestandteil, veraltet ist Gen. *Wielkiej Nocy* usw. Ortsnamen wie *Białystok, Krasnystaw* deklinieren beide Bestandteile, Gen. *Białegostoku, Krasnegostawu*, Lok. *w Białymstoku, w Krasnymstawie* usw.

Tydzień „Woche" aus *ten dzień*, hat Gen. *tygodnia*, Dat. *tygodniowi* usw., Pl. Nom. *tygodnie*, Gen. *tygodni* usw.

Indeklinable Substantiva

Einige Fremdwörter werden nicht dekliniert, z. B. *attaché, hobby, kakao, whisky* u. a. darunter auch *kilo, deka* „10 Gramm" und *procent* in Verbindung mit Zahlen, *dziesięć procent* „10%".

Ebenfalls nicht dekliniert werden einige geographische Namen, z. B. *Bordeaux, Capri, Hawai, Jeruzalem, Mississippi, Wall-Street*, darunter auch die Städtenamen auf *-nn, -ium, -en, -el: Bonn, Monachium* „München", *Bergen, Kassel* u. a.

III. Kapitel. Das Pronomen

(Zaimek)

§ 15. Das Personalpronomen

	Singular		Plural	
	ich	du	wir	ihr
Nom.	ja	ty	my	wy
Gen.	mnie, (mię)	ciebie, (cię)	nas	was
Dat.	mi, mnie	ci, tobie	nam	wam
Akk.	mię, mnie	cię, ciebie	nas	was
Instr.	mną	tobą	nami	wami
Lok.	mnie	tobie	nas	was

Bemerkungen

Bei den Pronomina ist der Vokativ immer gleich dem Nominativ, so daß der Vok. hier nicht besonders aufgeführt wird.

Bei den Doppelformen des Dat. und Akk. ist folgendes zu
beachten. Gewöhnlich stehen die Kurzformen, die enklitisch
in unbetonter Stellung gebraucht werden; *daje mi chleb* „er
gibt mir das Brot". Die längeren Formen stehen nur, wenn
das Pronomen besonders betont wird, am Anfang des Satzes
oder nach einer Präposition; *mnie daje chleb nie tobie* „mir
gibt es das Brot, nicht dir".

Analog zum Akk. setzen sich jetzt auch im Gen. die Kurzformen *mię, cię* immer mehr durch, besonders nach verneinten
Verben, bei denen das Akkusativobjekt durch den Genitiv
ersetzt wird; *nie widziałem cię* „ich habe dich nicht gesehen".

	er	es	sie
Nom.	on	ono	ona
Gen.	go, jego, niego		jej, niej
Dat.	mu, jemu, niemu		jej, niej
Akk.	go, jego, niego	je, nie	ją, nią
Instr.	nim		nią
Lok.	nim		niej

sie (Plural)

	Personalform		Sachform
Nom.	oni		one
Gen.		ich, nich	
Dat.		im, nim	
Akk.	ich, nich		je, nie
Instr.		nimi	
Lok.		nich	

Das Personalpronomen der 3. Person weist in einigen Kasus mehrere Parallelformen auf. Bei diesen ist folgendes zu beachten. Die Formen mit anlautendem *n*- finden nur Anwendung in Verbindung mit einer Präposition, *do niego* „zu ihm", *do niej, do nich usw.* Die Formen *jego, jemu* werden nur gebraucht, wenn sie besonders hervorgehoben werden sollen, sonst gebraucht man die Kurzformen *go, mu* usw.

Statt *dla niego* „für ihn" findet sich im höheren Stil auch *dlań, na niego* „auf ihn" *nań, do niego* „zu ihm" *doń, przez niego* „durch ihn" *przezeń, za niego* „für ihn" *zań* u. a.

Zu beachten ist, daß im Akk. Sg. auch unbelebte Maskulina die Formen *jego* bzw. *niego, go* haben, z. B. *on go (stół) sprzedał* „er hat ihn (den Tisch) verkauft", beim Neutrum jedoch stets *je* bzw. *nie, kupiłem je (wino)* „ich habe ihn (den Wein) gekauft".

Im Plural unterscheidet man nicht nach den drei Genera, sondern nach Personal- und Sachform. Die Personalform begegnet nur bei männlichen Personen, sie weicht von der Sachform nur im Nom. und Akk. ab. Sonst begegnet die Sachform, also auch bei Frauen und Kindern.

§ 16. Die Höflichkeitsformen im Polnischen

Dtsch. „Sie" wird durch *pan* „Herr" bzw. *pani* „Dame, Frau" wiedergegeben, abhängig davon, ob man sich an eine männliche oder weibliche (auch unverheiratete) Person wendet. Das dazugehörende Verb steht in der 3. Pers. Sg., z. B. *Czy pan (pani) jest tu po raz pierwszy?* „Sind Sie hier zum

ersten Mal?" *A pan (pani)*? „Und Sie?". Im Plural *panowie*
bzw. *panie* und das Verb in der 3. Pers. Pl. *Czy panowie
(panie) są tu po raz pierwszy*? „Sind Sie hier zum ersten Mal?"
Wendet man sich an ein Ehepaar oder eine Mehrheit von
Personen, die aus Männern und Frauen besteht, so lautet die
Form *państwo*, das Verb steht in der 3. Pers. Pl. *Co państwo
chcą teraz zobaczyć*? „Was wollen Sie jetzt sehen?" Das Verb
kann hier auch in der 2. Pers. Pl. gebraucht werden, der Aus-
druck wirkt dann familiärer. *Co państwo chcecie teraz zobaczyć*?
Państwo ist ein Kollektivbegriff, s. § 14, 3, die dazugehörigen
Pronomina, Adjektiva und Verben stehen in der Personalform.
Szanowni Państwo! „Meine sehr verehrten Damen und Herren!"
Czy państwo już byli we Włoszech? „Waren Sie schon in Italien?"
Zu der Höflichkeitsform gehören auch Redewendungen
wie *proszę pana (pani)*, etwa: „bitte"; *przepraszam pana
(panią)* „entschuldigen Sie bitte", mit denen man sich an
Personen wendet, die man siezt.
Ebenso wird der Imperativ umschrieben, *niech pan (pani)
usiądzie* „setzen Sie sich!"; *niech państwo usiądą* „setzen Sie
sich!". Gewöhnlich wird noch *proszę* „(ich) bitte" davor-
gesetzt, *proszę, niech pan (pani) usiądzie*!
Unter kommunistischen Parteiangehörigen wird eine dem
Russischen ähnliche Konstruktion angewandt, bei welcher
die Höflichkeitsform durch die 2. Pers. Pl. des Verbs ausgedrückt wird, *towarzyszu, czy jesteście z Warszawy*? „Genosse,
sind Sie aus Warschau?"

§ 17. Das Reflexivpronomen

Das Reflexivpronomen, das sich auf das Subjekt desselben
Satzes bezieht, hat im Gegensatz zum Deutschen dieselben
Formen für alle Personen im Singular und Plural. Es geht
ähnlich wie die obliquen Kasus von *ty*, ein Nominativ existiert
nicht. Gen. *siebie*, Dat. *sobie*, Akk. *siebie* bzw. *się*, Instr. *sobą*,
Lok. *sobie*. Im Akk. wird *siebie* nach Präpositionen gebraucht,
bierze odpowiedzialność na siebie „er nimmt die Verantwor-
tung auf sich". Jedoch: *to się rozumie samo przez się* „das versteht sich von selbst". Die Form *się* steht beim Verb, s. § 55.

§ 18. Das Demonstrativpronomen

ten „dieser"

	Singular			Plural	
	Mask.	Neutr.	Fem.	Pers. Form	Sachform
Nom:	ten	to	ta	ci	te
Gen.	tego		tej	tych	
Dat.	temu		tej	tym	
Akk.	ten bzw. tego	to	tę (!)	tych	te
Instr.	tym		tą	tymi	
Lok.	tym		tej	tych	

Bemerkungen

1. Bei den Demonstrativpronomina unterscheidet man im Plural nicht nach den drei Genera, sondern nach Personal- und Sachform. Der Akk. Sg. fem. heißt *tę*, daneben begegnet immer häufiger das umgangssprachliche *tą*. Wie *ten* werden dekliniert; *tamten, tamta, tamto* „jener", Gen. *tamtego, tamtej, tamtych* usw., jedoch Akk. Sg. fem. *tamtą*; ferner *ten sam, ta sama, to samo* „derselbe", Gen. *tego samego, tej samej* usw.; *tenże (sam), taż (sama), toż (samo)* „eben derselbe", Gen. *tegoż (samego), tejże (samej)* usw., nach Konsonant u. j steht *-że*, nach Vokal *-ż*.

2. *ten -ten* bedeutet „der eine- der andere (neben *ten -drugi*), *to-to* „bald-bald". Weniger gebräuchlich sind die Formen *ów, owa, owo* „jener", Gen. *owego, owej* usw.; *to i owo* „dies und jenes", *mówiono o tym i o owym* „man sprach von diesem und jenem". Wie *ów* geht *sam, sama, samo* „selbst", Gen. *samego, samej, samych* usw.

3. Wie ein Adjektiv werden dekliniert *taki, taka, takie*; *takowy, takowa, takowe* „solcher, so ein"; *takiż, takaż, takież* „derselbe, eben solcher".

§ 19. Das Possessivpronomen

mój „mein"

	Singular			Plural	
	Mask.	Neutr.	Fem.	Pers. Form	Sachform
Nom.	mój	moje, (me)	moja, (ma)	moi	moje, (me)
Gen.	mojego, (mego)		mojej, (mej)	moich, (mych)	
Dat.	mojemu, (memu)		mojej, (mej)	moim, (mym)	
Akk.	mój	moje, (me)	moją, (mą)	moich,	moje, (me)
bzw.	mojego, (mego)			(mych)	
Instr.	moim, (mym)		moją, (mą)	moimi, (mymi)	
Lok.	moim, (mym)		mojej, (mej)	moich, (mych)	

nasz „unser"

	Singular			Plural	
	Mask.	Neutr.	Fem.	Pers. Form	Sachform
Nom.	nasz	nasze	nasza	nasi	nasze
Gen.	naszego		naszej	naszych	
Dat.	naszemu		naszej	naszym	
Akk.	nasz	nasze	naszą	naszych	nasze
bzw.	naszego				
Instr.	naszym		naszą	naszymi	
Lok.	naszym		naszej	naszych	

Bemerkungen

1. Wie *mój* gehen *twój, twoja, twoje* „dein"; *swój, swoja, swoje* „sein", die auch in gekürzten Formen vorkommen. Diese Kurzformen werden seltener gebraucht. Wie *nasz* wird *wasz* „euer" dekliniert. Im Akk. Sg. mask. steht bei Lebewesen die Form des Genitivs. Im Plural unterscheidet man nur zwischen Personal- und Sachform.

2. *Swój* wird immer verwandt, wenn das Subjekt des Satzes als Besitzer gekennzeichnet werden soll. Es ersetzt dann auch das Possessivpronomen der 1. und 2. Person Singular und Plural, *widzę swojego ojca* „ich sehe meinen Vater", *widzisz swojego ojca* „du siehst deinen Vater" usw. Umgangssprach-

lich kann man jedoch auch sagen, *widzę mojego ojca* „ich sehe
meinen Vater“ usw. Bezeichnet das Possessivpronomen der
3. Person das Subjekt des Satzes als Besitzer, so steht *swój*,
bezieht es sich aber auf einen anderen Besitzer, so wird es
durch den Genitiv des Personalpronomens der 3. Pers. *jego*,
jej, ich ersetzt. *On jest w swoim domu* „Er ist in seinem Haus“,
d. h. in seinem eigenen Haus. *On jest w jego domu* „Er ist in
seinem Haus“, d. h. im Hause eines anderen. *Ona jest w swoim
domu* „Sie ist in ihrem Haus“, d. h. in ihrem eigenen Haus.
Ona jest w ich domu „Sie ist in ihrem Haus“, d. h. im Hause
anderer Personen. (Wenn das Personalpronomen das Possessi-
vum ersetzt, erhält es nie den *n*-Vorschlag).

Man beachte Ausdrücke wie *w swoim czasie* „seinerzeit“, *swoje
robić* „das Seinige tun“, *postawić na swoim* „seinen Willen durch-
setzen“, *swoi* „die Seinigen, Verwandten, Landsleute“ *swój* „gut
Freund“ auf die Frage *kto tam?* „Wer da?“, *po swojemu* „nach
eigener Art“, *on pewien (pewny) swego* „er ist seiner Sache sicher“.

3. Die Höflichkeitsform „Ihr“ wird bei männlichen Personen durch das Adjektiv *pański* bzw. durch den Gen. von
pan, pana wiedergegeben, *pański* bzw. *pana dom* „Ihr Haus“,
bez pańskiej (pana) pomocy „ohne Ihre Hilfe“. Bei weiblichen
Personen gebraucht man den Genitiv von *pani, pani kapelusz*
„Ihr Hut“.

§ 20. Das Interrogativpronomen

kto? „wer?“, Gen. *kogo*, Dat. *komu*, Akk. *kogo*, Instr. *kim*,
Lok. *kim. Co?* „was?“, Gen. *czego*, Dat. *czemu*, Akk. *co*,
Instr. *czym*, Lok. *czym*.

Bemerkungen

1. Diese Pronomina können durch *-ż, -że* verstärkt werden.
(Nach Vokal steht *ż*, nach Konsonant *że*), *któż?* „wer denn“,
cóż? „was denn“, *czemu(ż)* „warum“, *o kimże* „über wen
denn“.

2. Die fragenden adjektivischen Pronomina *który, która,
które?* „welcher?“; *jaki, jaka, jakie?* „was für ein?“; *czyj,
czyja, czyje?* „wessen, wem gehörig“ werden wie Adjektiva
dekliniert, Gen. *czyjego, czyjej, czyich* usw.

Czyj darf nie durch *kogo* ersetzt werden, *czyj to dom?* „Wessen Haus ist das?" Pl. *Czyje to domy. Z czyimi dziećmi rozmawiałeś?* „Mit wessen Kindern hast du gesprochen?"

3. Zu beachten ist der Germanismus *co za* + Nom. „was für ein", *co za książka?* „was für ein Buch?"

§ 21. Das Relativpronomen

1. Wie ein Adjektiv werden dekliniert, *który, która, które* „welcher", Pl. Pers. Form *którzy*, Sachform *które*; *jaki, jaka, jakie* „was für ein", Pl. Pers. Form *jacy*, Sachform *jakie*. Letzteres nur in Verbindung mit *taki* „solch ein", *taka szansa, jaką miałem* „solch eine Chance, wie ich sie hatte".

2. Für *który* steht auch als Relativpronomen *kto*; *ten, który* bzw. *kto* „derjenige, welcher". Ebenso *co*; *człowiek, co tam idzie*, „der Mensch, welcher dort geht", *ci ludzie, co* „die Leute, welche", *kobieta, co mówiła* „die Frau, welche sprach". Auch *czyj*, s. o. begegnet in einigen Fällen als Relativpronomen; *ten, czyje nazwisko znamy* „derjenige, dessen Namen wir kennen"; *nie ma wątpliwości, na czyją stronę się przechyli* „es gibt keinen Zweifel, welcher Seite er sich zuneigen wird."

§ 22. Das Pronomen indefinitum

Die Interrogativpronomina werden durch Anfügen der Partikel *-ś, -kolwiek* und *bądź* bzw. durch vorausgehendes *byle, lada*, manchmal auch *nie-* zu indefiniten Pronomina. Die Partikel werden an die jeweilige Kasusendung des Pronomens unverändert angefügt. Die Deklination ist wie bei den entsprechenden Interrogativa.

Durch die einzelnen Partikel wird eine unterschiedliche graduelle Abstufung des indefiniten Pronomens ausgedrückt; *-ś* weist auf eine unbekannte Person oder Sache hin, die jedoch aus der Menge gleichartiger Personen oder Sachen herausragt, *bądź, -kolwiek, byle, lada* machen das Pronomen völlig unbestimmt, etwa dtsch. „x-beliebig, wer (was) auch immer".

Wie die entsprechenden Pronomina gehen *ktoś*, Gen. *kogoś*, Dat. *komuś* „wer, jemand", *ktokolwiek, kto bądź* „irgend jemand, wer auch immer", *byle kto, lada kto* „irgend jemand,

der erste beste"; *coś* „etwas", *cokolwiek*, *byle co* „irgend etwas,
was auch immer". Den Besitz drücken aus, *czyjś*, Gen.
czyjegoś „irgend jemandes", *czyjkolwiek*, Gen. *czyjegokolwiek*
„wessen auch immer".

Tritt zu *ktoś* oder *nikt* „niemand" ein Adjektiv, so steht dieses
in demselben Kasus wie das Pronomen, z. B. *nikt inny* „niemand
anders"; *nikomu innemu tylko jemu* „keinem andern als ihm.
Jedoch verlangen *coś* und *nic* „nichts" den Genitiv, wenn sie selbst
im Nominativ oder Akkusativ stehen, *coś innego* „etwas anderes",
nic nowego „nichts neues", aber *mówiliśmy o niczym innym* „wir
sprachen von nichts anderem".

Adjektivisch gehen *jakiś, niejaki, któryś*, Gen. *jakiegoś,
niejakiegoś, któregoś* „irgendein"; *jaki bądź, jakikolwiek*, Gen.
jakiego bądź, jakiegokolwiek „welcher, wer auch immer";
pewien, pewna, pewne „ein gewisser"; *każdy, a, e* „jeder";
niejeden, Gen. *niejednego, niejedna, niejedno* „mancher";
selten ist *wszystek, wszystka, wszystko* „gesamt, all", häufig
der Plural, Pers. Form *wszyscy*, Sachform *wszystkie* „alle";
wszelki, wszelka, wszelkie „jedweder"; *inny* (veralt. inszy)
„ein anderer", *drugi* „der andere, zweite"; *sam, sama, samo*
„selbst, allein".

Sam, sama, samo wird verschieden angewendet, *sam to napisałem*
„ich selbst (allein) habe das geschrieben"; *to się rozumie samo
przez się* „das versteht sich von selbst"; *sam na sam* „unter vier
Augen"; *w samej rzeczy* „in der Tat"; *sam jeden* „ganz allein";
taki sam „eben so einer, ein ebensolcher". *Sam* kann auch die
genaue Orts- oder Zeitangabe ausdrücken, *w sam czas* „zur rechten
Zeit"; *w samo serce* „mitten ins Herz"; *w samym środku* „direkt in
der Mitte"; *pod samą Warszawą* „dicht bei Warschau". Beim
Infinitiv steht *sam* im Dativ, *trzeba samemu to robić* „das muß man
selber tun".

„Jeder" bei Zeit- oder Raummaßen wird durch *co* + Nom.
(seltener Gen. od. Akk.) ausgedrückt, *co dzień* „jeden Tag";
co miesiąc „jeden Monat"; *co rok, co roku* „jedes Jahr"; *co
krok* „jeden Schritt", ferner *co głowa, to rozum* „viele Köpfe,
viele Sinne"; *co kraj, to obyczaj* etwa „fremde Länder, fremde
Sitten".

Aus den Interrogativa entstehen durch Vorsatz der Partikel *ni-* negative Pronomina. *Nikt* „niemand" <nikto; *nic*

„nichts" <nico; *niczyj* „niemandes"; Gen. *nikogo, niczego*
bzw. *nic, niczyjego.* Ferner *żaden, żadna, żadne* „keiner", das
adjektivisch dekliniert wird, *żadnego, żadnej* usw. Bei diesen
Pronomina wie auch bei den pronom. Adverbien *nigdy* „niemals", *nigdzie* „nirgends" muß das Verb., im Gegensatz zum
Dtsch., verneint sein. (Doppelte Verneinung). *Nie ma nikogo*
„es ist niemand da"; *nikt go nigdy nie widział* „niemals hat
ihn jemand gesehen"; *nie ma żadnych pieniędzy* „er hat kein
Geld".

Bei *nic* ist folgende Unterscheidung zu beachten. Verben, die
unverneint ein Akkusativobjekt regieren, haben in der Verneinung *nic*; *mam książkę* „ich habe ein Buch", *nie mam nic* „ich habe
nichts". Regieren die Verben aber schon unverneint den Genitiv,
so steht bei der Verneinung *niczego, uczył się języka polskiego* „er
lernte polnisch", *niczego się nie uczył* „er lernte nichts".

IV. Kapitel. Das Adjektiv

(Przymiotnik)

§ 23. Allgemeines und Deklination des Adjektivs

Das Adjektiv stimmt in Genus, Numerus und Kasus mit
dem dazugehörigen Substantiv überein. Man unterscheidet
zwischen harten und weichen Stämmen. Die Endungen lauten
im Nom. Sg. mask. *-y* bzw. *-i*, fem. *-a* bzw. *-ia*, neutr. *e* bzw.
-ie. Die Adjektiva auf *-ki, -gi* gehören zur harten Deklination,
da aus ursprgl. *-ky, -gy* entstanden, s. § 4, 7.

Im Plural sind die Endungen für alle drei Genera gleichlautend. Man unterscheidet jedoch im Nom. (Vok) Pl. zwischen Personal- und Sachform. Die Personalform begegnet
nur bei männlichen Personen, *dobrzy mężczyźni* „gute Män-
ner", sonst die Sachform, *dobre kobiety, konie, stoły* „gute
Frauen, Pferde, Tische" usw. Bei männlichen Personen ist
außerdem der Akk. gleich dem Gen. Der Vokativ ist sowohl
im Sg. als auch im Pl. gleich dem Nominativ.

Die Endungen gelten für das Adjektiv sowohl in attributi-
ver als auch in prädikativer Stellung, *nowy dom* „das neue
Haus", *dom jest nowy* „das Haus ist neu".

Folgende Adjektiva haben in prädikativer Stellung beim Maskulinum eine kürzere Form bewahrt: *ciekaw* „neugierig" (attributiv *ciekawy*), *godzien* „würdig" (*godny*), *gotów* „fertig, bereit" (*gotowy*), *kontent* „zufrieden", *łaskaw* „gnädig, freundlich" (*łaskawy*), *pełen* „voll" (*pełny*), *pewien* „sicher, gewiß" (*pewny*), *rad* „froh", *wart* „wert", *syt* „satt" (*syty*), *świadom* „bewußt" (*świadomy*), *wesół* „fröhlich" (*wesoły*), *winien* „schuldig" (*winny*), *zdrów* „gesund" (*zdrowy*), *żyw* „lebendig" (*żywy*).

Die Kasusbildung des Adjektivs ist im großen Umfang von den entsprechenden Formen des Personalpronomens der 3. Pers., s. § 15, abhängig.

Beispiel: harter Stamm, nowy „neu"; weicher Stamm, tani „billig".

Singular

	mask.		neutr.		fem.	
Nom.	nowy	tani	nowe	tanie	nowa	tania
Gen.	nowego	taniego	nowego	taniego	nowej	taniej
Dat.	nowemu	taniemu	nowemu	taniemu	nowej	taniej
Akk.	nowy	tani	nowe	tanie	nową	tanią
bzw.	nowego	taniego				
Instr.	nowym	tanim	nowym	tanim	nową	tanią
Lok.	nowym	tanim	nowym	tanim	nowej	taniej
Vok.	nowy	tani	nowe	tanie	nowa	tania

Plural

	Personalform		Sachform	
Nom.	nowi	tani	nowe	tanie
Gen.			nowych	tanich
Dat.			nowym	tanim
Akk.	nowych	tanich	nowe	tanie
Instr.			nowymi	tanimi
Lok.			nowych	tanich
Vok.	nowi	tani	nowe	tanie

Bemerkungen

1. Bei den hartstämmigen Adjektiven erweicht das *e* der Endungen nicht den vorhergehenden Konsonanten, da dieses „harte" *e* aus Vokalkontraktion entstanden ist, vgl. Nom.

Akk. Neutr. nowe, russ. novoe. Zu den harten Stämmen
gehören auch die Adjektiva auf *ki*, *gi*, z. B. *drogi* „teuer",
wysoki „hoch". Hier werden jedoch *k*, *g* + *e* zu *kie*, *gie*,
s. § 4, 2; *drogi, drogiego, drogiemu, drogim* usw., *wysoka, wyso-
kiej* usw.

2. Die Personalform des Nom. (Vok.) Pl. lautet auf *-i* aus,
welches den vorhergehenden harten Konsonanten erweicht,
s. § 4, 1, Tabelle III; *nowy* > *nowi*; *dobry* „gut", *dobrzy*;
mały „klein", *mali*; *drogi* „teuer", *drodzy*; *cichy* „still", *cisi*;
polski „polnisch", *polscy*. Die Adjektiva auf *-cy, -dzy, -czy,
-ży* sowie die weichauslautenden bleiben unverändert, jedoch
hat *duży* „groß" *duzi*. Außerdem wandeln die auf *-szy* auslautenden, — meistens sind es Komparativformen —, *sz* zu *ś*,
ładniejszy „schöner", *ładniejsi*; *większy* „größer", *więksi*.

In der Personalform haben den Wechsel e : o, s. § 4, 4;
wesoły „fröhlich", *weseli*. Ferner alle die wie Adjektiva dekli-
nierten Part. Prät. Pass. auf *-ony, uczony* „gelehrt", *uczeni*
u. a.

3. Einige Berufsbezeichnungen oder Ämter, z. B. *leśniczy*
„Förster", *budowniczy* „Baumeister", *chorąży* „Fähnrich",
podczaszy „Mundschenk", *podkomorzy* „Kämmerer", *pod-
skarbi* „Schatzmeister", *podstoli* „Truchseß" werden adjektivisch dekliniert, *leśniczego, leśniczemu*; *podskarbiego, podskar-
biemu* usw. Im Nom. (Vok.) Pl. haben sie jedoch *-owie, leś-
niczowie, podskarbiowie*.

4. Wie Adjektiva werden auch zahlreiche Personen- und
Ortsnamen behandelt.

a) Die Personennamen auf *-ski, -cki, Żeromski, Żeromskiego*
usw.; *Rapacki, Rapackiego* usw.; Nom. (Vok.) Pl. *Żeromscy,
Rapaccy*. Ebenfalls adjektivisch die weiblichen Entsprechungen,
Żeromska, Żeromskiej; *Rapacka, Rapackiej*.

b) Die Personennamen auf *-e, -i, -y*. Die Personennamen auf *-c,
Goethe, Linde* u. a. werden im Sg. adjektivisch dekliniert, haben
jedoch im Instr. u. Lok. *-em, Goethe, Goethego*, Instr. Lok. *Goethem*.
Im Pl. gehen sie wie mask. Substantiva, *Goethowie, Goethów* usw.
Ebenso auch die Ortsnamen auf *-e, Zakopane, Zakopanego*, Instr.
Lok. *Zakopanem*. Die Namen auf *-i* bzw. *-y* gehen wie ein regel-

mäßiges Adjektiv, nur haben sie im Nom. (Vok.) Pl. -*owie*, Sg. *Gorki, Gorkiego, Gorkiemu, Gorkim*; Pl. *Gorkowie, Gorkich* usw. Ebenso *Antoni* „Anton", *Ignacy* „Ignatius" u. a. Merke: *Kennedy, Kennedy'ego* usw.

c) Die Personennamen auf -*owa* gehen regelmäßig nach den fem. Adjektiven. Jedoch lautet der Vok. Sg. -*owo*. *Orzeszkowa, Orzeszkowej, Orzeszkową*, Vok. *Orzeszkowo*; Pl. *Orzeszkowe, Orzeszkowych*. Der Ortsname *Częstochowa* wird jedoch substantivisch dekliniert, *Częstochowa, Częstochowy, Częstochowie, Częstochowę* usw.

§ 24. Steigerung des Adjektivs

Der Komparativ wird durch Anfügung des Bildungselements -*szy* bzw. -*ejszy* an den Stamm des Adjektivs gebildet und wie dieses dekliniert. Die Personalform des Nom. (Vok.) Pl. ist -*si* bzw. -*ejsi*, s. § 23,2.

Die Endung -*szy* nehmen an 1. Adjektiva, die in der Grundstufe vor der Endung -*y* (-*i*) nur einen Konsonanten haben, *słaby* „schwach", *słabszy*; *nowy* „neu", *nowszy*; *głupi* „dumm", *głupszy*. Die stammauslautenden Konsonanten *ł, n, g* werden vor -*szy* zu *l, ń, ż*. Außerdem wird *o* zu *e*, *a* zu *e*, *ą* zu *ę*, *biały* „weiß", *bielszy*; *wesoły* „fröhlich", *weselszy*; *drogi* „teuer", *droższy*; *siny* „bläulich", *sińszy*. Merke: *gorący* „heiß", *gorętszy*. 2. Adjektiva auf -*ki, -eki, -oki*, welche im Komparativ diese Endung abwerfen, *prędki* „schnell", *prędszy*; *daleki* „weit", *dalszy, szeroki* „weit", *szerszy*. Ein vor der Endung stehendes *s* wird zu *ż, wysoki* „hoch", *wyższy*; *bliski* „nahe", *bliższy*; *wąski* „eng", *węższy*.

Die Endung -*ejszy* haben Adjektiva mit Konsonantenhäufung im Stammauslaut. Das *e* <*ě* der Komparativendung erweicht den vorhergehenden Konsonanten, s. § 4,1, Tabelle I, *łatwy* „leicht" *łatwiejszy*; *piękny* „schön", *piękniejszy*; *ostry* „scharf", *ostrzejszy*; *ciasny* „eng", *ciaśniejszy*.

Adjektiva auf *rd, dr, st* können gelegentlich beide Endungen annehmen, *mądry* "klug", *mędrszy* od. *mądrzejszy*; *czysty* „sauber", *czystszy* od. *czyściejszy*; *tłusty* „fett", *tłustszy* od. *tłuściejszy*.

Unregelmäßig gehen: *dobry* „gut", *lepszy*; *zły* „schlecht", *gorszy*; *wielki, duży* „groß", *większy*; *mały* „klein", *mniejszy*; *lekki* „leicht", *lżejszy*.

Der Komparativ kann auch durch die Verbindung *bardziej* bzw. *więcej* „mehr" + Grundstufe des Adjektiva gebildet werden. Sein Anwendungsbereich ist nicht fest umrissen. Diese Bildung muß angewandt werden bei den Partizipien, *bardziej zadowolony* „zufriedener".

Der Superlativ wird gebildet, indem man die Silbe *naj-* vor den Komparativ setzt, *najnowszy* „der neueste", *najwyższy* „der höchste", *najbardziej zadowolony* „der zufriedenste".

Bemerkungen

1. „Als" nach dem Komparativ wird durch *niż* bzw. *niżeli, aniżeli* ausgedrückt, *on jest starszy niż twój brat* „er ist älter als dein Bruder". In gleicher Bedeutung begegnet die Präposition *od.* + Gen., *on jest starszy od twojego brata*. Ist der Komparativ verneint, so kann als Vergleichspartikel neben *niż* auch *jak* gebraucht werden, *on nie jest starszy niż* oder *jak twój brat* „er ist nicht älter als dein Bruder".

„Viel" beim Komparativ heißt *o wiele, o wiele większy* „viel größer", „immer" *coraz, coraz szybszy* „immer schneller" „je-desto", *im-tym, im więcej, tym lepiej* „je mehr, desto besser". Der dtsch. Gen. beim Ausdruck des Superlativs wie „die schönste der Frauen" wird durch die Präposition *z* + Gen. ausgedrückt, *najpiękniejsza z kobiet*.

2. Eine Steigerung (oder auch Abschwächung, Minderung) kann auch durch bestimmte Prä- oder Suffixe sowie Adverbien und das Adjektiv in der Grundstufe ausgedrückt werden, z. B. *przepiękny* „sehr schön", *prastary* „uralt", *nader, nadzwyczaj* „äußerst", *zbyt, za* „allzu", *za prędki* „allzu schnell", *białawy* „weißlich", *malutki* „ganz klein", *nowiuteńki* „ganz neu" u. ä.

V. Kapitel. Das Adverb

Przysłówek

§ 25. Bildung der Adverbia

Die Adverbia sind entweder ursprünglich wie *tu* „hier", *tam* „dort" oder abgeleitet. Die von Adjektiven abgeleiteten haben entweder die Endung *-o* oder *-e*. Es lassen sich nur ungefähre Regeln über die Verteilung der beiden Endungen aufstellen.

Die Endung *o* haben 1. Die Adjektiva auf *-gi, -ki, -chy*; *drogi* „teuer", *drogo*; *daleki* „weit", *daleko*; *cichy* „still", *cicho*. 2. die Adjektiva auf *-cy, -czy, -szy, -ży*; *obcy* „fremd", *obco*; *ochoczy* „willig", *ochoczo*; *pieszy* „zu Fuß", *pieszo*; *świeży* „frisch", *świeżo*. 3. Die Adjektiva auf *-wy, -owy*; *łatwy* „leicht", *łatwo*; *naukowy* „wissenschaftlich", *naukowo*. 4. die weichstämmigen Adjektiva auf *-i*; *tani* „billig", *tanio*; *głupi* „dumm", *głupio*.

Außerdem gibt es zahlreiche wichtige Adverbien auf *-o*, auf einen anderen Stammauslaut, z. B. *bogato* „reich", *chłodno* „kühl", *ciepło* „warm", *czysto* „rein", *głośno* „laut", *mało* „wenig", *pusto* „leer", *mocno* „stark", *słabo* „schwach", *trudno* „schwierig", *wesoło* „fröhlich", *wolno* „frei", *zimno* „kalt".

Die übrigen Adjektiva haben meist e < ě mit vorhergehendem palatalisierten Konsonanten, s. § 4, 1, Tabelle I; *szczęśliwy* „glücklich", *szczęśliwie*; *doskonały* „vollkommen", *doskonale*; *dobry* „gut", *dobrze*; *zły* „schlecht", *źle*; *otwarty* „offen", *otwarcie*.

Einige Adjektiva können sowohl *-o* als auch *-e* annehmen, oft mit Bedeutungsdifferenzierung, *daleko* „weit", *jak (tak) dalece* „wie (so) sehr"; *dziwno, dziwnie* „seltsam"; *ledwo, ledwie* „kaum"; *równo* „eben, gleichmäßig", *również* „gleichfalls"; *wysoko* „hoch", *wysoce* „sehr".

Zahlreich sind adverbielle Bildungen in Verbindung mit Präpositionen, wie *z lekka* „leicht", *wkrótce* „bald", *za młodu* „im Jugendalter"; besonders häufig Wendungen mit *po + u*, besonders bei Adjektiven auf *-ski, -zki, -cki*, *po niemiecku* „deutsch", *po polsku* „polnisch", *po ludzku* „menschlich"; ferner *po naszemu* „nach unserer Art", *po staremu* „beim alten" u. a.

§ 26. Steigerung des Adverbs

Der Komparativ wird mit Hilfe des Suffixes *-ej* gebildet, welches den vorhergehenden Konsonanten erweicht. Einfach ist die Bildung, wenn die Adverbien in der Grundstufe auf *-e* ausgehen. Es wird dann praktisch nur ein *-j* angefügt, *szczę-*

śliwie-j, „glücklicher“, *doskonale-j* „vollkommener“, *pięk-nie-j* „schöner“. Sonst muß die Konsonantenerweichung beachtet werden. Da *-ej* teils auf *-ěje* teils auf *-je* zurückgeht, sind die Ergebnisse verschieden, *drogo* „teuer“, *drożej* „teurer“; *daleki* „weit“, *dalej*; *cichy* „still“, *ciszej*; *świeżo* „frisch“, *świeżej*; *głęboko* „tief“, *głębiej*; *ostro* „scharf“, *ostrzej*; *wysoko* „hoch“, *wyżej*; *krótko* „kurz“, *krócej*; *prędko* „schnell“ *prędzej*; *miękko* „weich“, *miękcej* seltener *miękciej*; *szybko* „schnell“, *szybciej*; *rzadko* „selten“, *rzadziej*; *bardzo* „sehr“, *bardziej*. Außerdem begegnet noch manchmal der Wechsel *a : e, o : e, ą : ę*; *śmiało* „kühn“, *śmielej*; *miałko* „fein gemahlen“, *mielej*; *blado* „bleich“, *bladziej* selten *bledziej*; *zielono* „grün“, *zieleniej*; *wąsko* „eng“, *węziej*.

Unregelmäßige Formen haben; *dobrze* „gut“, *lepiej* „besser“, *źle* „schlecht“, *gorzej*; *wiele, dużo* „viel“, *więcej*; *mało* „wenig“, *mniej*; *lekko* „leicht“, *lżej*.

Der Komparativ kann auch durch *bardziej* + Grundstufe des Adverbs ausgedrückt werden, *bardziej gorzko* „bitterer“.

Der Superlativ wird gebildet, indem man die Silbe *naj-* vor den Komparativ setzt, *najdrożej* „am teuersten“, *najlepiej* „am besten“, *najbardziej gorzko* „am bittersten“.

Man beachte ferner Superlativbildungen wie *co najmniej, przynajmniej* „wenigstens“, *bynajmniej* „durchaus nicht“, *najprzód, najpierw* „zuerst“, *jak najlepiej* „so gut wie möglich“ u. a.

VI. Kapitel. Das Numerale

Liczebnik

§ 27. Kardinal- und Ordinalzahlen

(Liczebnik)

Kardinalia (Liczebniki główne)	Ordinalia (Liczebniki porządkowe)
1 jeden, jedna, jedno	pierwszy
2 dwa, m., n.; dwie f.	drugi
3 trzy	trzeci
4 cztery	czwarty

5	pięć	piąty
6	sześć	szósty
7	siedem	siódmy
8	osiem	ósmy
9	dziewięć	dziewiąty
10	dziesięć	dziesiąty
11	jedenaście	jedenasty
12	dwanaście	dwunasty
13	trzynaście	trzynasty
14	czternaście	czternasty
15	piętnaście*	piętnasty
16	szesnaście	szesnasty
17	siedemnaście	siedemnasty
18	osiemnaście	osiemnasty
19	dziewiętnaście*	dziewiętnasty
20	dwadzieścia	dwudziesty
21	dwadzieścia jeden	dwudziesty pierwszy
22	dwadzieścia dwa, dwie	dwudziesty drugi
23	dwadzieścia trzy	dwudziesty trzeci
30	trzydzieści	trzydziesty
40	czterdzieści	czterdziesty
50	pięćdziesiąt	pięćdziesiąty
60	sześćdziesiąt*	sześćdziesiąty
70	siedemdziesiąt	siedemdziesiąty
80	osiemdziesiąt	osiemdziesiąty
90	dziewięćdziesiąt	dziewięćdziesiąty
100	sto	setny
101	sto jeden	sto pierwszy
125	sto dwadzieścia pięć	sto dwudziesty piąty
200	dwieście	dwóchsetny (dwusetny)
300	trzysta	trzechsetny
400	czterysta	czterechsetny
500	pięćset—	pięćsetny
600	sześćset**	sześćsetny
700	siedemset	siedemsetny

---

*) Gewöhnlich ausgesprochen pietnaście, dziewietnaście, szejdziesiąt.
**) Gewöhnlich szejset ausgesprochen.

800	osiemset		osiemsetny
900	dziewięćset		dziewięćsetny
1000	tysiąc		tysiączny
2000	dwa tysiące		dwutysięczny
3000	trzy tysiące		trzytysięczny
4000	cztery tysiące		czterotysięczny
5000	pięć tysięcy		pięciotysięczny
10000	dziesięć tysięcy		dziesięciotysięczny
100000	sto tysięcy		stotysięczny
1000000	milion		milionowy

§ 28. Deklination der Kardinalzahlen

Jeden, jedna, jedno wird wie ein Adjektiv dekliniert, Gen. jednego, jednej usw. Es stimmt jeweils mit dem dazugehörigen Nomen in Kasus und Genus überein.

Ein Genusunterschied besteht ferner bei dwa mask. und neutr., dwie fem. Die übrigen Kardinalzahlen unterscheiden nicht das Genus.

Deklination von dwa, trzy und cztery:

Nom.	dwa	dwie	trzy	cztery
Gen.	dwóch, (dwu)		trzech	czterech
Dat.	dwom, (dwu)		trzem	czterem
Akk.	dwa	dwie	trzy	cztery
Instr.	dwoma,	dwiema,	trzema	czterema
	(dwu)	(dwoma)		
Lok.	dwóch, (dwu)		trzech	czterech

Die eingeklammerten Formen werden seltener gebraucht. Wie *dwa, dwie* gehen *obydwa, obydwie*; *oba, obie* „beide"; Gen. *obydwóch, (obydwu)* usw. *Oba, obie* hat im Gen. Dat. Lok. nur die Form *obu*.

Von 5 an haben die Kardinalzahlen in den obliquen Kasus die Endung -*u*, im Instr. auch die Nebenform -*oma*. 5 (6, 9, 10). Nom. Akk. *pięć*, Gen. Dat. Lok. *pięciu*, Instr. *pięciu* od. *pięcioma*.

Im Folgenden sind die Wurzel bzw. Stammveränderungen der einzelnen Zahlen zu beachten. 7 (8) *siedem, siedmiu*; 11

(13—19) *jedenaście, jedenastu*; 12 *dwanaście, dwunastu*; 20 *dwadzieścia, dwudziestu*; 30 (40) *trzydzieści, trzydziestu*; 50 (60—90) *pięćdziesiąt, pięćdziesięciu*.

100 hat eine zweifache Deklination. Alleinstehend wird es wie ein Neutrum dekliniert, Nom. *sto*, Gen. *sta* usw., Lok. *ście*. Als Zahlwort in Verbindung mit einem Nomen hat es in den obliquen Kasus die Endung *-u, sto, stu*.

200 *dwieście, dwustu*. Im Gen. begegnet die Nebenform *dwóchset*. 300 (400) *trzysta, trzystu*. Als Nebenformen im Gen. *trzechset* (*czterechset*). *Czterysta* kann auch auf der drittletzten Silbe betont werden.

500—900 deklinieren nur den ersten Bestandteil des Numerale, *pięćset, pięciuset*; *siedemset, siedmiuset*; *osiemset, ośmiuset*. Bei den Zahlen von 500—900 ruht der Akzent auf der ersten Silbe, *sièdemset, sièdmiuset* usw.

Tysiąc und *milion* werden wie ein Maskulinum dekliniert, Gen. *tysiąca, miliona*. Nom. Pl. *tysiące, miliony*, Gen. jedoch *tysięcy*.

Bei zusammengesetzten Zahlen kann jede Zahl dekliniert werden, häufig werden jedoch nur die zuletzt stehenden Zehner und Einer dekliniert, *z tysiącem pięciuset dwudziestu pięciu osobami* oder, *z tysiąc pięćset dwudziestu pięciu osobami* „mit 1525 Personen". 1 als zuletzt stehendes Glied einer zusammengesetzten Zahl behält immer die Form *jeden* unverändert bei, *w dwudziestu jeden godzinach* „in 21 Stunden".

§ 29. Syntaktisches zu den Kardinalzahlen

Stehen die Grundzahlen selbst im Nominativ oder Akkusativ, sind folgende Regeln zu beachten.

1. Nach den Zahlen 2, 3, 4 steht das abhängige Wort im Nom. Pl.

2. Von 5 an steht das abhängige Wort im Gen. Pl.

3. Bei zusammengesetzten Zahlen richtet sich das abhängige Wort nach der zuletzt stehenden Zahl. Nach 21, 31 usw. steht jedoch der Gen. Pl., wobei *jeden* unverändert bleibt.

Das Verb steht nach 2, 3, 4 in der 3. Pers. Pl. Von 5 an steht es in der 3. Pers. Sg., außerdem im Präteritum im Neutrum.

Beispiele: zu 1. *dwa orzechy, jabłka, dwie gruszki leżą, leżały na stole* „zwei Nüsse, Äpfel, zwei Birnen liegen, lagen auf dem Tisch"; *trzy (cztery) orzechy, jabłka, gruszki leżą, leżały na stole* „drei (vier) Nüsse, Äpfel, Birnen liegen, lagen auf dem Tisch". Zu 2. *pięć (sześć* usw.) *listów, czasopism, gazet jest, było na biurku* „fünf (sechs usw.) Briefe, Zeitschriften, Zeitungen sind, waren auf dem Schreibtisch". Zu 3. *dwadzieścia jeden samochodów, taksówek stoi, stało na ulicy* „einundzwanzig Autos, Taxis stehen, standen auf der Straße"; *dwadzieścia dwa samochody, dwadzieścia dwie taksówki stoją, stały na ulicy* „zweiundzwanzig Autos, zweiundzwanzig Taxis stehen, standen auf der Straße"; *dwadzieścia pięć samochodów, taksówek jest, było w remoncie* „fünfundzwanzig Autos, Taxis sind, waren in der Reparatur".

Steht das Numerale in einem anderen Kasus als im Nom. od. Akk., so stimmt das davon abhängige Wort im Kasus mit dem Numerale überein, z. B. Nom. Akk. *czterdzieści cztery duże domy*, Gen. *czterdziestu czterech dużych domów*, Dat. *czterdziestu czterem dużym domom* usw.

§ 30. Personalform der Kardinalzahlen

In Verbindung mit männlichen Personen zeigen die Kardinalzahlen eine Sonderentwicklung. Von 2 an wird der Nom. bzw. Akk. der Kardinalzahl durch den Genitiv ersetzt. Das abhängige Nomen steht im Gen. Pl., das Verb in der 3. Pers. Sg., im Präteritum außerdem in der Form des Neutrums; z. B. *dwóch panów przyjechało* „zwei Herren sind angekommen"; *trzydziestu pięciu żołnierzy poległo* „fünfunddreißig Soldaten sind gefallen". 1 als zuletzt stehendes Glied einer zusammengesetzten Zahl bleibt unverändert als *jeden* erhalten, *stu jeden robotników strajkuje* „hundertund eins Arbeiter streiken".

Für 2, 3, 4 gibt es noch die Personalform *dwaj, trzej, czterej*, nach denen das Nomen im Nom. Pl., das Verb in der 3. Pers. Pl. steht, *dwaj (trzej, czterej) uczniowie zdają, zdali egzamin* „zwei (drei, vier) Schüler bestehen, bestanden das Examen".

Bei zusammengesetzten Zahlen, deren letztes Glied 2, 3, 4 bilden, sind jedoch nur die Formen mit der Genitivkonstruktion möglich; *dwudziestu dwóch uczniów* . . . „zweiundzwanzig Schüler. . .

Tysiąc und *milion* haben keine besondere Personalform. Es heißt, *tysiąc żołnierzy zginęło* „tausend Soldaten sind umgekommen"; *milion ludzi zamieszkało już w Warszawie* „schon eine Million Menschen haben ihren Wohnsitz in Warschau genommen".

Ansonsten ist die Deklination des Numerale wie bei der Sachform, Nom. Gen. Akk. *dwudziestu dwóch panów*, Dat. *dwudziestu dwom panom*, Instr. *dwudziestu dwoma panami* usw.

§ 31. Gebrauch der Ordinalzahlen

Die Ordinalzahl wird wie ein Adjektiv behandelt und häufiger als im Deutschen angewandt, so bei Angaben von Zeitbegriffen, Seitenzahlen, Bandbezeichnungen u. ä., *lekcja piąta* „Lektion 5", *na stronie pięćdziesiątej trzeciej* „auf Seite 53". Bei längeren Zahlen werden nur Einer und Zehner in die Ordinalzahl gesetzt und nur diese werden dekliniert, *tysiąc dziewięćset dwudziesty pierwszy* „der 1921ste", ist die zuletzt stehende Zahl ein Hunderter, so wird ebenfalls die Ordinalzahl angewandt, *w roku tysiąc sześćsetnym* „im Jahre 1600".

Die Ordinalzahl bei Zeitangaben

Die Uhrzeit. Die vollen Stunden werden durch die Ordinalzahl, die Minuten durch die Kardinalzahl wiedergegeben. Auf die Frage *która teraz godzina?* „Wie spät ist es jetzt?" eigtl. welche Stunde ist jetzt?, lautet die Antwort, *(godzina) pierwsza, druga* „1, 2 (Uhr)"; *o której godzinie?* „um wieviel Uhr?", *o (godzinie) pierwswzej, drugiej* „um 1, 2 (Uhr)". Die halben Stunden werden durch *wpół* bzw. *pół + do +* Gen. der Ordinalzahl ausgedrückt, *(w)pół do piątej* „halb 5", *o (w)pół do piątej* „um halb 5"; *kwadrans* „Viertelstunde", *kwadrans po trzeciej* „viertel nach 3", ebenso die Minuten in der ersten Hälfte der Stunde, *pięć (minut) po szóstej* „5 (Minuten) nach 6". In der zweiten Hälfte der Stunde heißt es jedoch *za + Akk.* „nach Verlauf von", *za pięć (minut) ósma* „5 (Minuten) vor 8", *za kwadrans jedenasta* „viertel vor 11". Bei der offiziellen

Zeitangabe werden die Minuten unmittelbar hinter die vollen Stunden gestellt, *(godzina) szósta dwadzieścia pięć* „6 Uhr 25", *siedemnasta trzydzieści* „17,30", *o siódmej pięćdziesiąt pięć* „um 7,55".

Datumsangabe. Die Frage nach dem Datum lautet, *który dzisiaj jest?* „der wievielte ist heute?" bzw. *którego dzisiaj mamy?* „den wievielten haben wir heute?". Bei der Antwort steht der Monatsname bzw. der ganze Ausdruck im Genitiv, *dzisiaj jest dwudziesty maja* bzw. *dwudziestego maja* „heute ist der 20. Mai". Auf die Frage *kiedy* „wann" folgt die Datumsangabe immer im Genitiv, *dwudziestego drugiego lipca* „am 22. Juli". Bei der Jahreszahl stehen nur die beiden letzten Zahlen als Ordinalzahl, s. o. Die Jahreszahl steht im Genitiv oder mit der Präposition *w* im Lokativ, *Juliusz Słowacki zmarł roku tysiąc osiemset czterdziestego dziewiątego* oder *w roku tysiąc osiemset czterdziestym dziewiątym* „Julius Słowacki starb im Jahre 1849". *Roku* kann vor oder nach der Jahreszahl stehen. Zusammen mit Tages- und Monatsangabe heißt es, z. B. *Adam Mickiewicz urodził się dwudziestego czwartego grudnia tysiąc siedemset dziewięćdziesiątego ósmego roku*, bzw. *A. M. urodził się w dniu dwudziestym czwartym grudnia w tysiąc siedemset dziewięćdziesiątym ósmym roku* „Adam Mickiewicz wurde am 24. Dezember 1798 geboren."

§ 32. Die Bruchzahlen
(Liczebniki ułamkowe)

Bei den Bruchzahlen steht der Zähler in der Kardinalzahl, der Nenner in der Ordinalzahl, $^1/_3$ *jedna trzecia* (zu ergänzen: *część* „Teil"), *dwie trzecie* „$^2/_3$"; ab 5 steht der Nenner im Gen. Pl., *pięć szóstych* „$^5/_6$". Das dazugehörende Substantiv steht im Gen. Sg.

Dezimalbrüche werden folgendermaßen gelesen, z. B. *dziewięćdziesiąt trzy pięćdziesiątych* „93,5". Das dazugehörende Substantiv steht im Gen. Sg.

„Halb" heißt *pół*, es ist indeklinabel. Im Nom. (Vok.) Akk. hat es den Gen. Sg. nach sich, *pół roku* „ein halbes Jahr"; jedoch *po pół godzinie* „nach einer halben Stunde"; *pół* gilt als Neutrum, *całe pół szklanki* „das ganze halbe Glas", *minęło pół roku* „ein halbes Jahr ist vergangen". Mit *pół* + Ordinalzahl werden auch Zahlen wie $1^1/_2$ usw. gebildet. Sie werden ebenfalls nicht dekliniert, unterscheiden aber das Genus, *półtora* mask. u. neutr., *półtorej* fem. „anderthalb", *półtrzecia, -ciej* „zweieinhalb" *półczwarta, -tej* „dreieinhalb", *półpięta, -tej* „viereinhalb" usw. Syntaktisch werden sie wie *pół* behandelt, *półtora metra* „anderthalb Meter", *całe półtrzeciej godziny* „ganze zweieinhalb Stunden", *przed półczwarta tygodniem* „vor dreieinhalb Wochen". Anstatt *półtrzecia, półczwarta* usw. sagt man auch *dwa (dwie) i pół, trzy i pół* usw. Das darauf folgende Substantiv steht im Gen. Sg., *dwa i pół roku* „zweieinhalb Jahre", *dwie i pół szklanki* „zweieinhalb Gläser", *pięć i pół pokoju* „füneinhalb Zimmer".

§ 33. Die Kollektivzahlen
(Liczebniki zbiorowe)

Sie lauten: *dwoje, troje, czworo, pięcioro, sześcioro, siedmioro, ośmioro, dziewięcioro, dziesięcioro* „2, 3 usw.". Über 10 hinaus sind diese Bildungen seltener, bei zusammengesetzten Zahlen steht nur die letzte Zahl als Kollektivzahl, *dwadzieścia troje* „23"; ferner *oboje* „beide", *kilkoro* „einige", *kilkanaścioro* „einige zwischen 10 und 20".

Deklination: Nom. (Vok.) Akk. *dwoje,* Gen. *dwojga,* Dat. Lok. *dwojgu,* Instr. *dwojgiem; czworo, czworga; kilkoro, kilkorga* usw.

Die Kollektivzahlen werden gebraucht a) bei Personen verschiedenen Geschlechts und bei jungen Lebewesen (auch bei Tieren), *troje dzieci* „drei Kinder", *kilkoro młodych ludzi* „einige junge Leute", *pięcioro kurcząt* „fünf Kücken"; b) bei Substantiven, die paarige Gegenstände bezeichnen, *dwoje uszu* „zwei Ohren"; c) bei Pluralia tantum, s. §§ 14,2; *dwoje drzwi* „zwei Türen", *czworo okularów* „vier Brillen" u. ä.

Man beachte Ausdrücke wie *oboje państwo (Kowalscy)* „Herr u. Frau (Kowalski)", *oboje rodzice* „Vater u. Mutter", *jedno z dwojga* „eins von beiden", *dziesięcioro przykazań* „die zehn Gebote" u. ä.

Die Kollektivzahlen, außer *oboje,* werden wie Neutra behandelt. Das darauffolgende Substantiv steht im Gen. Pl., Nom. Akk. *dwoje dzieci,* Gen. *dwojga dzieci,* Instr. *dwojgiem dzieci,* im Dat. bzw. Lok. stimmt es jedoch mit der Kollektivzahl überein, Dat. *dwojgu dzieciom*, Lok. *o dwojgu dzieciach*. Das Verb steht in der 3. Pers. Sg., im Präteritum im Neutrum, *troje dzieci bawi się* „drei Kinder spielen", *kilkoro kurcząt uciekło* ..einige Kücken sind weggelaufen". Bei *oboje* stimmt das Substantiv immer mit dem Kasus der Kollektivzahl überein, das Verb steht in der 3. Pers. Pl., im Präteritum in der Personalform, *oboje Kowalscy przychodzą, przyszli* „beide Kowalskis kommen, sind gekommen", Gen. *obojga Kowalskich*, Dat. *obojgu Kowalskim* usw.

§ 34. Die Distributivzahlen
(Liczebniki mnożne i wielorakie)

Sie werden in Verbindung mit *po* gebildet, *po jednemu* (*jednej*) „je einer (eine)", ab 2 steht die Zahl im Akk., *po dwa* (*dwie*) „je zwei", *po trzy* „je drei' usw. *Po dwoje, troje* usw. heißt „zu zweien, dreien" usw. Mit *po* + Ordinalzahl werden auch Zahladverbien gebildet, *po pierwsze* „erstens", *po drugie* „zweitens", *po trzecie, po czwarte, po piąte* usw. „Einmal, zweimal" usw. wird wiedergegeben durch *raz, dwa razy, trzy, pięć, sto razy* usw. Andere Multiplikativa sind, *jednokrotny, dwukrotny, trzykrotny, pięciokrotny* usw. „einmal-(ig), zweimal(ig)" usw. *Jednaki* „einerlei, gleich", *dwojaki* „zweierlei, zweifach", *trojaki, czworaki, pięcioraki* usw. werden adjektivisch behandelt, ebenso *pojedynczy* „einfach", *podwójny* „zweifach, doppelt", *potrójny* „dreifach". *Podwójny* bezeichnet etwas Zusammengehörendes, *drzwi podwójne* „Doppeltür", *podwójne okno* „Doppelfenster", *dwojaki* bezeichnet die Verschiedenheit, *dwojakim sposobem* „auf zweierlei, verschiedene Art". Die adjektivischen Multiplikativa können auch adverbial gebraucht werden, *dwukrotnie, dwojako, podwójnie*.

§ 35. Die unbestimmten Zahlwörter
(Liczebniki nieoznaczone)

Die häufigsten sind: *kilka* „einige" (bis 10), *kilkanaście* (bis 20), *kilkadziesiąt* (bis 100), *kilkaset* „einige Hunderte", *wiele, dużo* „viel, viele" (*więcej* „mehr", *najwięcej* „am

meisten"), *niewiele, mało* „wenig, wenige" (*mniej* „weniger",
najmniej „am wenigsten"), *ile* „wieviel(e)", *tyle* „so viel(e)",
Sie werden mit Ausnahme von *dużo* und *mało* wie die Kardinalzahlen von 5 an in Deklination und Syntax behandelt,
s. § 28, 29; bei männlichen Personen steht die Personalform,
s. § 30. Nom. Akk. *kilka*, Gen. Dat. Lok. *kilku*, Instr. *kilku*
od. (seltener) *kilkoma*; *kilka pań przyjechało* „einige Damen
sind angekommen", *kilku panów* . . . „einige Herren . . .",
po tylu latach „nach soviel Jahren", *wielu uczniów* „viele
Schüler", *wiele uczennic* „viele Schülerinnen", jedoch immer
ile, tyle, wiele ludzi „wieviel, soviel, viele Leute". Das Kollek-
tivum *kilkoro* „einige" (beiderlei Geschlechts) wird wie *pięcioro* dekliniert, s. § 33 *z kilkorgiem dzieci* „mit einigen Kindern". „Wenig" wird auch durch *trochę* + Gen. ausgedrückt,
trochę chleba „ein wenig Brot"; *parę* „ein paar, einige" wird
wie *kilka* behandelt, *parę osób* „einige Personen", *przed paru
laty* „vor einigen Jahren", dagegen wird *para* „das Paar"
wie ein Substantiv dekliniert, *para butów* „ein Paar Schuhe",
Gen. *pary*, Dat. *parze* usw. *Dość, dosyć* „genug, ziemlich".
Ferner *tyle-ile* od. *tyle-co* „soviel-wie", *o tyle-o ile* „insofern,
wie (als)", *dwa razy tyle* „zweimal so viel", *o ile* „sofern",
nieraz „manchmal".

VII. Kapitel. Das Verb

(Czasownik)

§ 36. Allgemeines

Das poln. Verb. besitzt zwei Numeri, Singular und Plural.
Jeder Numerus hat drei Personen. Von den drei Genera,
Aktiv, Reflexiv und Passiv hat nur das Aktiv eine eigene
Form, die beiden letzteren werden umschrieben. Von den
Modi sind Indikativ, Imperativ und der zusammengesetzte
Konditional erhalten geblieben. An Tempora sind vorhanden,
Präsens, Futur und Präteritum. Der Mangel an temporalen
Formen wird durch ein reich entwickeltes System von
Aspekt- und Aktionsarten wettgemacht, s. § 58. An Ver-
balnomina sind vorhanden, ein Partizip Präsentis Aktivi

und ein Partizip Präteriti Passivi, ferner zwei Adverbialpartizipien (Gerundien) des Präsens und Präteritums Aktivi und schließlich der Infinitiv.

Die Bildung der einzelnen Formen erfolgt durch Anfügen entsprechender Endungen an den Infinitiv- oder Präsensstamm des Verbs, die eine voneinander abweichende Lautgestalt haben können. Demzufolge ist aus der Form des Infinitivs die Bildung des Präsens nicht immer ohne weiteres ersichtlich. Vom Präsensstamm werden gebildet: das Präsens, das Futur bei perfektiven Verben, der Imperativ, das Gerund. und Part. Präs. Akt. Vom Infinitivstamm werden gebildet: der Infinitiv, das Präteritum, von diesem dann das zusammengesetzte (periphrastische) Futur und der Konditional, ferner das Gerund. d. Prät. Akt. und das Part. Prät. Pass.

§ 37. Der Infinitiv
(Bezokolicznik)

An den Infinitivstamm, der auf einen Vokal oder Konsonanten ausgeht, wird -ć angefügt, *czytać* „lesen", *umieć* „können", *pić* „trinken", *życzyć* „wünschen", *dąć* „blasen", *nieść* „tragen", *znaleźć* „finden". Nur wenige Verben lauten auf -c aus, z. B. *móc* „können", *strzec* „hüten", *piec* „backen".

§ 38. Einteilung der Verben nach Konjugationsklassen
Präsensendungen

Die Einteilung der poln. Verben in Konjugationsklassen erfolgt nach dem Präsensstamm. Nach dem in der 3. Pers. Sg. Präs. begegnenden Stammauslaut lassen sich drei große Verbalklassen unterschieden, die e-Konjugation, *pisze* „er schreibt", die i-Konjugation, *chwali* „er lobt", die a-Konjugation, *czyta* „er liest".

Gerade im Präsens sind, hauptsächlich infolge von Vokalkontraktionen und Produktivität gewisser Endungen bedeutende Unterschiede gegenüber dem urslav. Zustand eingetreten, so daß eine Einteilung etwa nach dem Leskienschen Schema des Altkirchenslavischen nicht zweckmäßig ist. Es wird jedoch gegebenenfalls auf die entsprechenden Parallelen verwiesen.

Die Präsensendungen der drei Klassen lauten:

	I. Klasse	II. Klasse	III. Klasse
1. Pers. Sg.	-ę	-ę	-am
2. Pers. Sg.	-esz	-isz	-asz
3. Pers. Sg.	-e	-i	-a
1. Pers. Pl.	-emy	-imy	-amy
2. Pers. Pl.	-ecie	-icie	-acie
3. Pers. Pl.	-ą	-ą	-ają

Außerdem begegnen noch einige Verben, die von dem angegebenen Schema abweichen, s. § 40. Außerhalb dieser Klassen steht ebenfalls das Hilfsverb *być* „sein", s. § 41.

Beispiele:

piszę	ich schreibe	*chwalę*	ich lobe	*czytam*	ich lese
piszesz	du schreibst	*chwalisz*	du lobst	*czytasz*	du liest
pisze	er, sie, es schreibt	*chwali*	er, sie, es lobt	*czyta*	er, sie, es liest
piszemy	wir schreiben	*chwalimy*	wir loben	*czytamy*	wir lesen
pieszecie	ihr schreibt	*chwalicie*	ihr lobt	*czytacie*	ihr lest
piszą	sie schreiben	*chwalą*	sie loben	*czytają*	sie lesen

Da die einzelnen Personen durch die Personalendungen des Präsens genügend bestimmt sind, wird das Personalpronomen, s. § 15, gewöhnlich nicht gebraucht. Die Personalpronomina werden nur gebraucht, wenn sie besonders betont werden oder wenn sie zum Verständnis des Satzes notwendig sind; *on czyta, ale ona nie czyta* „er liest, aber sie liest nicht"; *wy odjedziecie, ale my zostaniemy* „ihr fahrt fort, wir aber bleiben".

§ 39. Das Präsens
(Czas teraźniejszy)
1. I. Klasse (e-Konjugation)

Präsensendungen:

Singular.	1. Pers.	-ę	Plural.	1. Pers.	-emy
	2. Pers.	-esz		2. Pers.	-ecie
	3. Pers.	-e		3. Pers.	-ą

Die zu dieser Klasse gehörenden Verben sind am schwierigsten zu klassifizieren. Präsens- und Infinitivstamm sind grundsätzlich verschieden. Es ist zu beachten, daß die Vokale der Präsensendungen einen davorstehenden Konsonanten des Verbalstammes verändern (erweichen), vgl. § 4, 1, z. B. Infinitiv *karać* „strafen", Präsens *karzę, karzesz* usw. Die Verben lassen sich zweckmäßig in zwei große Gruppen unterteilen, abhängig davon, ob das *-ę* der 1. Pers. Sg. und das *-ą* der 3. Pers. Pl. den vorhergehenden Konsonanten erweichen oder nicht. Das *-e* der übrigen Endungen erweicht in jedem Fall.

Gruppe A. Alle Präsensendungen, auch *-ę* und *-ą* erweichen einen vorhergehenden Konsonanten und zwar nach § 4, 1, Tabelle IV; z. B. Infinitiv *pisać* „schreiben", Präsens *piszę, piszesz . . . piszą.*

Gruppe B. Es erweichen nur die mit *-e* anlautenden Endungen, und zwar nach § 4, 1, Tabelle II, nicht jedoch *-ę* und *ą*; z. B. Infinitiv *rwać* „reißen", Präsens *rwę, rwiesz... rw ą.*

Die Unterschiede erklären sich dadurch, daß in dieser Klasse mehrere ursprüngliche Konjugationsklassen zusammengefallen sind und zwar die 1., 2. und 3. Leskiensche Klasse. Die 1. und 2. Klasse hatte in der 1. Pers. Sg. und 3. Pers. Pl. einen Nasalvokal, der den vorhergehenden Konsonanten nicht erweichte, in den übrigen Formen ein ursprüngliches *e*. In der 3. Klasse stand vor den Nasalen und vor *e* ein *j*.

Gruppe A

Es erweichen alle Präsensendungen einen vorhergehenden Konsonanten und zwar nach § 4, 1, Tabelle IV. Zur Gruppe A gehören:

1. Verben mit Infinitiv *-ać*. Zu dieser Gruppe gehört eine begrenzte Anzahl von z. T. häufig gebrauchten Verben. *pisać* „schreiben", *piszę, piszesz, pisze, piszemy, piszecie, piszą.*
Vor der Präsensendung steht ein Labial, *czerpać* „schöpfen", *czerpię, czerpiesz . . ., drapać* „kratzen", *drzemać* „schlummern", *kąpać się* „baden", *kopać* „graben", *kłamać*

„lügen", *łamać* „brechen", *łapać* „fangen", *rąbać* „hacken", *skrobać* „kratzen", *skubać* „rupfen", *sypać* „streuen".

Ein Guttural, *płakać* „weinen", *płaczę, płaczesz* . . ., *płukać* „spülen", *skakać* „hüpfen", *głaskać* „streicheln", *głaszczę, głaszczesz* . . ., *klaskać* „klatschen", *klaszczę, klaszczesz* . . . Ein Dental, *deptać* „mit Füßen treten", *depczę, depczesz* . . . das lautgesetzliche *depcę, depcesz* ist veraltet. Ebenso haben die folgenden Verben *cz* an Stelle von *c, plątać* „verwirren", *szeptać* „flüstern".

Hierzu gehört auch eine Reihe von lautnachahmenden Verben auf *-otać*, z. B. *bełkotać* „stammeln", *bełkoczę, bełkoczesz* . . ., *chichotać* „kichern", *druzgotać* „zerschmettern", *dygotać* „zittern", *gruchotać* „zerschlagen", *klekotać* „klappern", *łaskotać* „kitzeln", *migotać* „flimmern", *świergotać* „zwitschern", *turkotać* „rattern" u. a.

Außerdem hierzu, *chłostać* „peitschen", *chłoszczę, chłoszczesz* . . ., *świstać* „pfeifen", *gwizdać* „pfeifen" ,*gwiżdżę, gwiżdżesz* . . .

ein Sibilant, *kołysać* „schaukeln", *kołyszę, kołyszesz* . . ., *krzesać* „Feuer schlagen", *pisać* „schreiben", *kazać* „befehlen, lassen", *każę, każesz*. . . ., *mazać* „schmieren", *wiązać* „binden", *rzezać* „schneiden", *lizać* „lecken".

eine Liquida, *karać* „strafen", *karzę, karzesz* . . ., *orać* „pflügen", *żebrać* „betteln", *kaszlać* „husten", *kaszlę, kaszlesz* . . ., *słać* „schicken", *ślę, ślesz* . . .

Zu dieser Verbalgruppe gehören auch die Verben *krajać* „schneiden", *łajać* „schelten", *tajać* „tauen", *kraję, krajesz* . . . usw.

Bei den folgenden Gruppen lautet der Verbalstamm auf einen Vokal aus, so daß keine Erweichung eintritt.

2. Verben auf *-ować, -ywać*. Die Verben dieser Gruppe sind sehr zahlreich und produktiv. An Stelle von *-ow-, -yw-* des Infinitivstammes steht im Präsensstamm *-u-*.

kupować „kaufen", *kupuję, kupujesz, kupuje, kupujemy, kupujecie, kupują*.

otrzymywać „erhalten", *otrzymuję, otrzymujesz, otrzymuje, otrzymujemy, otrzymujecie, otrzymują*.

Die Endung *-ować* haben neben echt polnischen Verben vor allem Fremdwörter wie *budować* „bauen", *malować* „malen", *wędrować* „wandern". In sehr vielen Fällen entsprechen den poln. Verben im Deutschen Fremdwörter auf -ieren, *telefonować* „telefonieren", *ryzykować* „riskieren,," *sortować* „sortieren" u. v. a.

Bei den Verben mit der Endung *-ywać* handelt es sich häufig um imperfektive Bildungen zu perfektiven Verben, *rozkazywać* „befehlen", *wychowywać* „erziehen". Nach *k*, *g* und *ch* steht *-iwać*, *oczekiwać* „erwarten", *oczekuję*, *oczekujesz* . . ., *podsłuchiwać* „(be)lauschen", *obsługiwać* „bedienen", s. § 60,1.

3. Einige einsilbige Verben auf *-ić*, *-yć*, *-uć*. Es handelt sich um eine begrenzte Anzahl von Verben.

pić „trinken", *piję*, *pijesz*, *pije*, *pijemy*, *pijecie*, *piją*. Ebenso: *bić* „schlagen", *gnić* „faulen", *wić* „winden".

myć „waschen", *myję*, *myjesz*, *myje*, *myjemy*, *myjecie*, *myją*. Ebenso: *kryć* „verbergen, verdecken", *ryć* „wühlen, graben", *szyć* „nähen", *tyć* „dick werden", *wyć* „heulen", *żyć* „leben".

czuć „fühlen", *czuję*, *czujesz*, *czuje*, *czujemy*, *czujecie*, *czują*. Ebenso: *kłuć* „stechen", *knuć* „planen, Ränke schmieden", *kuć* „schmieden", *pluć* „spucken", *pruć* „auftrennen", *psuć* „verderben", *snuć* „spinnen, entwerfen", *szczuć* „hetzen", *truć* „vergiften", *żuć* „kauen". Hierzu auch *obuć* „die Schuhe anziehen".

4. Einige einsilbige Verben auf *-ać*. Der Präsensstamm hat *-e-*. *lać* „gießen", *leję*, *lejesz*, *leje*, *lejemy*, *lejecie*, *leją*. Ebenso: *chwiać* „schütteln", *chwieję*; *dziać się* „geschehen", *dzieje się* „es geschieht"; *grzać* „wärmen", *piać* „krähen", *siać* „säen", *śmiać się* „lachen", *wiać* „wehen", *ziać* „aushauchen, ausströmen".

5. Drei Verben auf *-wać*, die auch besonders als Komposita häufig gebraucht werden. *dawać* „geben", *daję*, *dajesz*, *daje*, *dajemy*, *dajecie*, *dają*; dazu *rozdawać* „verteilen", *oddawać* „wiedergeben", *dodawać* „hinzufügen", *udawać* „s. verstellen" u. a.

stawać „stehen bleiben, anhalten", *staję, stajesz, staje, stajemy, stajecie, stają*; dazu *dostawać* „bekommen", *wstawać* „aufstehen", *zostawać* „bleiben", *stawać się* „werden".

-znawać, es begegnet nur als verbum compositum, *poznawać* „erkennen", *poznaję, poznajesz . . .*, *uznawać* „anerkennen", *zeznawać* „aussagen, gestehen" u. a.

6. Verben auf *-eć*. Die Gruppe ist sehr zahlreich. Meistens handelt es sich um abgeleitete inchoative Verben.

mdleć "ohnmächtig werden", *mdleję, mdlejesz, mdleje, mdlejemy, mdlejecie, mdleją*. Ebenso *ciemnieć* „dunkel w.", *bieleć* „weiß w." u. v. a. Ferner *istnieć* „existieren", *istnieję, istniejesz . . .*, *boleć* „Schmerz empfinden", *boleję, bolejesz...*, *gorzeć* od. *goreć* „brennen", *gorzeję, gorzejesz od. goreję, gorejesz, gore* „es brennt, Feuer".

Hierzu auch *chcieć* „wollen", *chcę, chcesz, chce, chcemy, chcecie, chcą*.

Gruppe B

Es erweichen nur die mit *e* anlautenden Präsensendungen und zwar nach § 4, 1, Tabelle II. Nach dem Infinitiv werden unterteilt.

1. Verben auf *-nąć*.

ciągnąć „ziehen", *ciągnę, ciągniesz, ciągnie, ciągniemy, ciągniecie, ciągną*.

Ebenso: *ginąć* „umkommen", *kwitnąć* „blühen", *płynąć* „schwimmen" u. ä.

Eine Anzahl der Verben auf *-nąć* sind sogen. „Momentanverben", die eine plötzliche, einmalige Tätigkeit bezeichnen, z. B. *jęknąć* „aufstöhnen", *krzyknąć* „aufschreien", *kopnąć* „einen Fußtritt versetzen", *pęknąć* „bersten", *stanąć* „stehenbleiben", *szepnąć* „flüstern" u. v. a. Die Momentanverben sind perfektiv, das Präsens hat futurische Bedeutung*), *krzyknę* „ich werde aufschreien", *stanę* „ich werde stehenbleiben".

---

*) Zum Begriff der perfektiven Verben s. § 58. Im folgenden werden pf. Verben durch ein pf. hinter dem Infinitiv gekennzeichnet.

Ferner gehören zu dieser Gruppe zahlreiche abgeleitete inchoative Verben, *blednąć* „erbleichen", *słabnąć* „schwach werden", *żołknąć* „gelb werden" u. a.

Einen abweichenden Infinitivstamm haben *stać się* pf. „werden, geschehen", *stanę się, staniesz się . . . staną się;* sowie die dazugehörenden Kompositiva, die sämtlich perfektiv sind, z. B. *dostać* „bekommen", *dostanę, dostaniesz; powstać* „sich erheben", *powstanę, powstaniesz; ustać* „aufhören", *wstać* „aufstehen". Die entsprechenden imperfektiven Entsprechungen s. § 39,1 Gruppe A, 5.

Die folgenden Verben haben im Infinitiv Parallelformen auf *-nąć* und *-c,* das Präsens wird nur von den Formen auf *-nąć* gebildet; *biegnąć* od. *biec* „laufen", *biegnę, biegniesz... biegną; legnąć* od. *lec* pf. „sich legen", *legnę, legniesz; lęgnąć się* od. *ląc się* „ausgebrütet werden, entstehen", *lęgnę się, lęgniesz się; zaprzęgnąć* od. *zaprząc* pf. „anspannen", *zaprzęgnę, zaprzęgniesz; przysięgnąć* od. *przysiąc* pf. „schwören", *przysięgnę, przysięgniesz.*

Die Verben *rzec* pf. „sagen" und *wściec się* pf. „in Wut geraten" haben im Präsens, *rzeknę, rzekniesz; wścieknę się, wściekniesz się* usw.

Ferner *grzęznąć* od. *grząźć* „steckenbleiben", *grzęznę, grzęźniesz .. grzęzną.*

2. Verben auf *-ąć.* Es handelt sich um eine begrenzte Anzahl. An Stelle von *ą* steht im Präsensstamm *m* oder *n.*
Stämme auf *m.*
dąć „blasen", *dmę dmiesz, dmie, dmiemy, dmiecie, dmą.*
Ebenso: *wyżąć* pf. „auswringen", *wyżmę, wyżmiesz* usw.
Ferner die zahlreichen Komposita des selten gebrauchten *jąć, jąć się* pf. „beginnen, sich an etwas machen". Die Komposita sind ebenfalls sämtlich perfektiv, das Präsens hat also futurische Bedeutung, z. B. *zająć* „einnehmen, besetzen", *zajmę, zajmiesz . . . zajmą;* nach den konsonantisch auslautenden Präfixen wird ein *e* eingeschoben, *objąć* „umfassen", *obejmę, obejmiesz; zdjąć* „herabnehmen, photographieren", *zdejmę, zdejmiesz.* Hierher auch *wziąć* pf. „nehmen", *wezmę* „ich werde nehmen", *weźmiesz, weźmie, weźmiemy, weźmiecie, wezmą.*

Stämme auf *n*.

kląć „fluchen", *klnę, klniesz, klnie, klniemy, klniecie, klną.*
Ebenso:: *ciąć* „schneiden", *tnę, tniesz* ... *tną.* Man beachte
die Bildung der Komposita von *ciąć,* z. B. *rozciąć* pf. „ent-
zweihauen", *rozetnę, rozetniesz; odciąć* pf. „abhauen", *odetnę,
odetniesz; ściąć* pf. „abhauen, köpfen", *zetnę, zetniesz.* Ferner
giąć „biegen", *gnę, gniesz; miąć* „(zer)knittern", *mnę, mniesz;
piąć się* „klimmen, klettern", *pnę, pniesz;* dazu Komposita
wie *zapiąć* pf. „zuknöpfen", *zapnę, zapniesz; odpiąć* pf. „auf-
knöpfen", *odepnę, odepniesz; żąć* „schneiden, mähen", *żnę,
żniesz.* Ferner *zacząć* pf. *(począć* pf.) „beginnen", *zacznę,
zaczniesz; odpocząć* pf. *(wypocząć* pf.) „ausruhen", *odpocznę,
odpoczniesz.*

3. Verben auf *-ać* und *-eć.* Es handelt sich nur um einige
Verben. Bei der Konjugation sind zahlreiche Lautveränderungen zu beachen.

a) Verben auf *-ać.*

brać „nehmen", *biorę, bierzesz, bierze, bierzemy, bierzecie, biorą.*
Die Komposita *zebrać* pf. „sammeln" und *wezbrać* pf. anschwellen" haben *zbiorę, zbierzesz; wzbiorę, wzbierzesz* usw.
Wie *brać* geht *prać* „Wäsche waschen", *piorę, pierzesz.*
Ähnlich *zwać* „nennen", *zwę zwiesz* ... *zwą,* (seltener ist
zowię, zowiesz ... *zowią); rwać* „reißen", *rwę, rwiesz* ... *rwą;
ssać* „saugen", *ssę, ssiesz* ... *ssą; słać* „ausbreiten, betten",
ścielę, ścielesz ... *ścielą.*

b) Verben auf *-eć.*

drzeć „reißen", *drę, drzesz, drze, drzemy, drzecie, drą.*
Ebenso: *umrzeć* pf. „sterben", *umrę, umrzesz; przeć* „drän-
gen", *prę, przesz; trzeć* „reiben"; *zawrzeć* pf. „schließen".
Hiervon zu trennen ist *wrzeć* „sieden", *wrę, wrzesz* ... *wrą.*
In der 3. Pers. Sg. begegnet neben *wrze* auch *wre; żreć* „fres-
sen" hat *żrę, żresz, żre* ... *żrą.*
Ferner *mleć* „mahlen", *mielę, mielesz, miele* ... *mielą;*
ebenso: *pleć* „jäten", *pielę, pielesz* usw.

4. Verben auf *-ść (-źć).*
Es handelt sich um eine begrenzte Anzahl von Verben. Verschiedene Lautveränderungen sind zu beachten. Die Verbalstämme enden auf *d, t, s* oder *z,* die sämtlich vor der Infinitiv-

endung -*ć* in *ś* (*ź*) übergehen. Als *d*, *t*, *s* oder *z* begegnen sie nur in der 1. Pers. Sg. und 3. Pers. Pl. In diesen beiden Fällen, wird außerdem ein *e* des Verbalstammes zu *o*, s. § 4, 4.

Vor der Präsensendung steht *d*.

wieść „führen", *wiodę, wiedziesz, wiedzie, wiedziemy, wiedziecie, wiodą.*

Ähnlich gehen: *kłaść* „legen", *kładę, kładziesz*; *prząść* „spinnen", *przędę, przędziesz*; *bóść* „stoßen", *bodę, bodziesz*; *siąść* pf. „sich setzen", *siądę, siądziesz*; *iść* „gehen", *idę, idziesz.* Bei den Komposita von *iść* wird das *i* zu *j*, *przyjść* pf. „kommen", *przyjdę, przyjdziesz*; *dojść* pf. „gelangen, hinzu kommen", *odejść* pf. „weggehen".

Einen ganz abweichenden Infinitivstamm hat *jechać* „fahren", *jadę, jedziesz, jedzie, jedziemy, jedziecie, jadą.* (Hier begegnet Vokalwechsel von *a : e*, da ursprgl. *ě*, s. § 4, 4).

kraść „stehlen", *paść* pf. „fallen" bilden das Präsens nach den Verben auf -*nąć*; *kradnę, kradniesz*; *padnę, padniesz.*

Vor der Präsensendung steht *t*.

pleść „flechten", *plotę, pleciesz, plecie, pleciemy, pleciecie, plotą.*

Ebenso: *gnieść* „drücken", *gniotę gnieciesz*; *mieść* „fegen, schleudern", *miotę, mieciesz.*

Vor der Präsensendung steht *s*.

nieść „tragen", *niosę, niesiesz, niesie, niesiemy, niesiecie, niosą.*

Ähnlich gehen: *paść* „weiden, füttern", *pasę, pasiesz*; *trząść* „schütteln", *trzęsę, trzesiesz* usw.

Vor der Präsensendung steht *z*.

wieźć „fahren" (trans.), *wiozę, wieziesz, wiezie, wieziemy, wieziecie, wiozą.*

Ähnlich gehen: *gryźć* „beißen, nagen", *gryzę, gryziesz*; *leźć* „kriechen, langsam gehen", *lezę, leziesz* usw.; hierzu auch *znaleźć* pf. „finden", der Präsensstamm geht jedoch nach *iść, znajdę, znajdziesz . . . znajdą.*

5. Verben auf -*c*.

Es handelt sich nur um einige Verben. Die Verbalstämme enden auf *g* oder *k*, die vor dem *e* der Präsensendungen zu *ż* bzw. *cz* werden.

Vor der Präsensendung steht *g*.

móc „können, dürfen", *mogę, możesz, może, możemy, możecie, mogą.*

Ähnlich gehen: *strzec* „hüten", *strzegę, strzeżesz; strzyc* „schneiden, scheren", *strzygę, strzyżesz.*

Vor der Präsensendung steht k.

piec „backen", *piekę, pieczesz, piecze, pieczemy, pieczecie, pieką.* Ebenso: *ciec* „fließen", *ciekę, cieczesz; siec* pf. „hauen, hacken", *tłuc* „schlagen, stoßen", *wlec* „schleppen", *wlokę, wleczesz . . . wlokę;* hierzu *oblec* pf. „bekleiden", *oblokę, obleczesz . . . oblokę.*

2. II. Klasse (i-Konjugation)

Präsensendungen:

Singular.	1. Pers. -*ę*	Plural.	1. Pers. -*imy* (-*ymy*)
	2. Pers. -*isz* (-*ysz*)		2. Pers. -*icie.* (-*ycie*)
	3. Pers. -*i* (-*y*)		3. Pers. -*ą*

Die Verben dieser Klasse sind sehr zahlreich. Sie sind meist von Nomina abgeleitet. Die überwiegende Mehrheit der Verben hat den Infinitiv auf -*ić*, (-*yć*). Da der Infinitivstamm meist mit dem Präsensstamm übereinstimmt, kann man gewöhnlich vom Infinitiv ausgehend das Präsens bilden. Z. B. (*chwała* „Lob), Infinitiv *chwalić* „loben", 3. Pers. Sg. Präsens *chwali* „er lobt"! Jedoch ist zu beachten, daß auch in der 1. Pers. Sg. und 3. Pers. Pl. der vor der Präsensendung stehende Konsonant erweicht wird und zwar nach § 4, 1, Tabelle IV, da vor -*ę* bzw. -*ą* ein ursprgl. *j* stand. (Vor -*ą* ist es sekundär eingeführt worden).

1. Verben auf -*ić*.

chwalić „loben", *chwalę, chwalisz, chwalisz, chwalimy, chwalicie, chwalą.*

Vor der Präsensendung steht ein Vokal.

kleić „kleben", *kleję, kleisz, klei, kleimy, kleicie, kleją.*

Ebenso: *koić* „lindern", *kroić* „schneiden", *uspokoić* pf. „besänftigen" u. a.

Vor der Präsensendung steht ein Labial.

mówić „sprechen", *mówię, mówisz, mówi, mówimy, mówicie, mówią.*

Ebenso: *bawić* się „spielen", *lubić* „gern haben", *karmić* „nähren", *wątpić* „zweifeln" u. a.

Vor der Präsensendung stehen Dentale und Sibilanten. Hier sind folgende Veränderungen zu beachten. Vor *-ę* und *-ą* werden *ć* zu *c*, *dź* zu *dz*, *ś* zu *sz*, *ź* zu *ż*, *ść* zu *szcz*, *źdź* zu *żdż*. *płacić* „zahlen", *płacę**, *płacisz**, *płaci*, *płacimy*, *płacicie*, *płacą*.

Entsprechend werden konjugiert: *chodzić* „gehen", *chodzę*, *chodzisz* ... *chodzą*; *prosić* „bitten", *proszę*, *prosisz* ... *proszą*; *wozić* „fahren" (trans.), *wożę*, *wozisz* ... *wożą*. *gościć* „bewirten", *goszczę*, *gościsz* ... *goszczą*; *jeździć* „fahren", *jeżdżę*, *jeździsz* ... *jeżdżą* u. a.

2. Verben auf *yć*.

Zur II. Klasse gehören auch die Verben auf *-yć*, denen ein „historisch weicher" Konsonant vorausgeht, s. § 4, 6.

uczyć „lehren", *uczę, uczysz, uczy, uczymy, uczycie, uczą*.

Ebenso *straszyć* „schrecken", *tworzyć* „schaffen", *ważyć* „wiegen" u. a.

3. Verben auf *-eć*.

Eine begrenzte Anzahl von z. T. häufig gebrauchten Verben lautet im Infinitiv auf *-eć* aus. Im Präsens gehen sie jedoch wie die Verben auf *-ić* (*-yć*). Sie haben auch die gleichen Lautveränderungen.

brzmieć „tönen", *brzmię, brzmisz* ... *brzmią*; *cierpieć* „leiden", *cierpię, cierpisz* ... *cierpią*; *krzyczeć* „schreien", *krzyczę, krzyczysz* ... *krzyczą*; *lecieć* „fliegen", *lecę, lecisz*... *lecą*; *leżeć* „liegen", *leżę, leżysz* ... *leżą*; *milczeć* „schweigen", *milczę, milczysz*... *milczą*; *musieć* „müssen", *muszę, musisz*... *muszą*; *myśleć* „denken", *myślę, myślisz* ... *myślą*; *patrzeć* od. *patrzyć* „schauen", *patrzę patrzysz* ... *patrzą*; *rżeć* „wiehern", *rżę, rżysz* ... *rżą*; *siedzieć* „sitzen", *siedzę, siedzisz*... *siedzą*; *słyszeć* „hören", *słyszę, słyszysz* ... *słyszą*; *spojrzeć* pf. „schauen", *spojrzę, spojrzyzsz* ... *spojrzą*; *widzieć* „sehen", *widzę, widzisz* ... *widzą*; *wisieć* „hängen", *wiszę, wisisz* ... *wiszą*; *woleć* „vorziehen", *wolę, wolisz* ... *wolą* u. a.

---

*) Der Leser möge beachten, daß bei *płacę*, *płacisz* und ähnlichen Fällen zwar derselbe Buchstabe geschrieben wird, nämlich c, daß dieser aber zwei verschiedene Laute darstellt, im 1. Fall c, im 2. Fall jedoch ć.

In der 1. Pers. Sg. und 3. Pers. Pl. geht abweichend *po-mnieć* „sich erinnern", *pomnę, pomnisz . . . pomną*.

4. Verben auf *-ać*.

Einen abweichenden Infinitiv auf *-ać* haben *bać się* „sich fürchten", *stać* „stehen" und *spać* „schlafen". Das Präsens lautet: *boję, się, boisz się, boi się, boimy się, boicie się, boją się; stoję, stoisz, stoi, stoimy, stoicie, stoją; śpię, śpisz, śpi, śpimy, śpicie, śpią*.

3. III. Klasse (a-Konjugation)

Präsensendungen:

Singular.		Plural.	
1. Pers.	*-am*	1. Pers.	*-amy*
2. Pers.	*-asz*	2. Pers.	*-acie*
3. Pers.	*-a*	3. Pers.	*-ają*

Die Verben dieser Klasse sind äußerst zahlreich. Sie haben fast ausschließlich den Infinitiv auf *-ać*. Da der Infinitivstamm fast immer mit dem Präsensstamm übereinstimmt, kann man vom Infinitiv ausgehend das Präsens bilden. (Es sind jedoch die Verben auf *-ać* zu berücksichtigen, die nach der I. oder II. Klasse gehen, s. § 39, 1 Gruppe A, 1, 2, 4, 5; Gruppe B, 3; § 39, 2, 4). Es begegnen im Präsens keine weiteren Lautveränderungen.

1. Verben auf *-ać*.

czytać „lesen", *czytam, czytasz, czyta, czytamy, czytacie, czy-tają*.

Ebenso geht eine Unzahl von Verben, die hier nicht aufgezählt werden kann.

Abweichend in der 3. Pers. Pl. ist *dać* pf. „geben", *dam* „ich werde geben", *dasz, da, damy, dacie, dadzą*. Zum impf. *dawać* s. § 39,1, Gruppe A, 5.

2. Einen abweichenden Infinitiv hat *mieć* „haben, sollen", *mam, masz, ma, mamy, macie, mają*.

§ 40. Verben vom Typ *umiem, umiesz*

Die Verben dieser Klasse gehören zur e-Konjugation. In der 1. Pers. Sg. haben sie jedoch wie die Verben der III. Klasse *-m*.

Präsensendungen:

Singular. 1. Pers. *-em*   Plural. 1. Pers. *-emy*
        2. Pers. *-esz*   2. Pers. *-ecie*
        3. Pers. *-e*   3. Pers. *-eją* bzw. *-ą.*

Zu dieser Klasse gehören nur die hier aufgeführten Verben und deren Komposita.

umieć „können", *umiem, umiesz, umie, umiemy, umiecie, umieją.*

Ebenso: *rozumieć* „verstehen", *rozumiem, rozumiesz . . . rozumieją; dorozumieć się* pf. „vermuten", *porozumieć się* pf. „sich verständigen, übereinkommen". Das immer häufiger auftretende *umię* (1. Pers. Sg.) und *umią* (3. Pers. Pl.) gilt noch als nicht korrekt.

śmieć „wagen", *śmiem, śmiesz, śmie, śmiemy, śmiecie, śmieją* od. *śmią.*

Bei *wiedzieć* „wissen" und *jeść* „essen" ist außer der abweichenden Form des Infinitivs auch die 3. Pers. Pl. zu beachten.

wiedzieć „wissen", *wiem, wiesz, wie, wiemy, wiecie, wiedzą.*

Hierzu zahlreiche Komposita, z. B. *dowiedzieć się* pf. „erfahren", *odpowiedzieć* pf. „antworten", *opowiedzieć* pf. „erzählen", *powiedzieć* pf. „sagen".

jeść „essen", *jem, jesz, je, jemy, jecie, jedzą.*

§ 41. Das Hilfsverb być „sein"

Das Hilfsverb *być* hat verschiedene Stämme. Das Präsens lautet: *jestem* „ich bin", *jesteś, jest, jesteśmy, jesteście, są.* Zum Futur s. § 48,2.

§ 42. Der Imperativ
(Tryb rozkazujący)

Der Imperativ wird vom Präsensstamm gebildet. Er hat nur 3 Formen, nämlich die 2. Pers. Sg. und die 1. und 2. Pers. Pl. Die 3. Pers. Sg. und Pl. wird umschrieben. Das ursprgl. Bildungselement des Imperativs ist *i*, das jedoch im Polnischen zu *j* abgeschwächt wird oder ganz schwinden kann.

Als Grundform dient die 2. Pers. Sg. des Imperativs, an welche in der 1. Pers. Pl. *-my* und in der 2. Pers. Pl. *-cie* angefügt werden. Sie wird von der 3. Pers. Sg. Präsens abgeleitet.

I.

1. Endet die 3. Pers. Sg. Präsens auf *-a* (III. Klasse), so wird als Endung *-j* angefügt.

czytać „lesen", *czyta* „er liest", *czytaj* „lies"; *czekać* „warten", *czeka*, *czekaj*.

2. Endet die 3. Pers. Sg. Präsens auf *-e* (I. Klasse) oder *-i* (II. Klasse), so wird diese Endung abgeworfen. Die restliche Verbform ist dann der Imperativ.

a) Verbalstämme, die auf Vokal ausgehen, enden auf *-j*.

pić „trinken", *pije* „er trinkt", *pij* „trink"; *kuć* „schmieden", *kuje*, *kuj*; *kupować* „kaufen", *kupuje*, *kupuj*; *śmiać się* „lachen", *śmieje się*, *śmiej się*; *grzać* „wärmen", *grzeje*, *grzej*; *stać* „stehen", *stoi*, *stój*; *uspokoić* pf. „beruhigen", *uspokoi*, *uspokój*.

b) Bei konsonantisch auslautendem Verbalstamm erscheint der Konsonant als Imperativendung. Es ist zu beachten, daß dabei die weichen Konsonanten weich bleiben, nur die weichen Labiale werden verhärtet.

pisać „schreiben", *pisze* „er schreibt", *pisz* „schreibe"; *wiązać* „binden", *wiąże*, *wiąż*; *jechać* „fahren", *jedzie*, *jedź*; *chodzi* „gehen", *chodzi*, *chodź*; *wstać* pf. „aufstehen", *wstanie*, *wstań*; *milczeć* „schweigen", *milczy*, *milcz*; *wyrzucić* pf. „herauswerfen", *wyrzuci*, *wyrzuć*; *kupić* pf. „kaufen", *kupi*, *kup*; *mówić* „sprechen", *mówi*, *mów*; *zostawić* pf. „(zurück) lassen", *zostawi*, *zostaw*.

Steht in der Wurzelsilbe ein *o*, so wird dieses im Imperativ oft zu *ó*, s. § 4,3, *stać* „stehen, "*stoi*, *stój*; *otworzyć* pf. „öffnen", *otworzy*, *otwórz*; *pomóc* pf. „helfen", *pomoże*, *pomóż*; jedoch *chodzić* „gehen", *chodzi*, *chodź* u. a.

3. Endet die 3. Pers. Sg. Präsens auf *-e* oder *-i* und steht vor dieser Endung eine Konsonantenhäufung, wobei der letzte Konsonant oft ein *n* ist, so wird an Stelle der Endung, *-ij* angefügt.

ciągnąć „ziehen", *ciągnie* „er zieht", *ciągnij* „zieh"; *kląć* „fluchen", *klnie, klnij*; *rwać* „reißen", *rwie, rwij*; *słać* „schicken", *śle, ślij*; *tęsknić* „sich sehnen", *tęskni, tęsknij*; *czcić* „ehren", *czci, czcij*; *spać* „schlafen", *śpi, śpij*. Anstelle von *-ij* steht nach „historisch weichen" *-yj*, s. § 4, 6.

Diese Endung begegnet hauptsächlich bei Verben auf *-eć* der I. Klasse, § 39, 1 Gruppe B, 3 b, *umrzeć* pf. „sterben", *umrze, umrzyj*; *drzeć* „reißen", *drze, drzyj*; *zawrzeć* pf. „schließen", *zawrze, zawrzyj*; analog dazu auch *żreć* „fressen", *żre, żryj*.

Es gibt jedoch eine Anzahl von Verben, die trotz Konsonanten-häufung endungslos auslauten, z. B. alle Verben der I. Klasse auf -*ać*, § 39, 1 Gruppe A, 1; *gwizdać* „pfeifen", *gwiżdże, gwiżdż*; *deptać* „treten", *depcze, depcz*; *chłostać* „peitschen", *chłoszcze, chłoszcz* usw. Ferner auch eine Anzahl von Verben der II. Klasse, z. B. *karmić* „nähren", *karmi, karm*; *martwić się* „sich grämen", *martwi się, (nie) martw się*; *powiększyć* pf. „vergrößern", *powiększy, powiększ*; *wątpić* „zweifeln", *wątpi, (nie) wątp*; *załatwić* pf. „erledigen", *załatwi, załatw*.

Andererseits fügen die Komposita von *jąć*, s. § 39, 1 Gruppe B, 2, gegen die Regel -*ij* an; z. B. *zająć* pf. „einnehmen", *zajmie, zajmij*; *najać* pf. „mieten", *najmie, najmij*; *objąć* pf. „umfassen", *obejmie, obejmij*.

Das dazugehörende *wziąć* pf. „nehmen" hat heute ganz un-regelmäßig *weź*, die Form *weźmij* ist veraltet.

4. Unregelmäßige Bildungen.

Die Verben der I. Klasse auf -*wać*, § 39, 1 Gruppe A, 5 bilden den Imperativ vom Infinitiv-stamm, *dawać* „geben", *daje, dawaj*; *poznawać* „erkennen", *poznaje, poznawaj*; *stawać* „stehen bleiben", *staje, stawaj*.

Ebenso: *chcieć* „wollen", *chce* „er will", *chciej* „wolle", *mieć* „haben", *ma, miej*.

Unregelmäßig sind auch die Verben vom Typ *umieć* „können", § 40. *umiej*; bei den Komposita begegnen neben den Formen auf -*ej* immer häufiger Formen auf Konsonant, *porozumieć się* pf. „sich verständigen" *porozumiej się* oder *porozum się* usw. Ferner *śmieć* „wagen", *śmie* „er wagt", *śmiej* „wage"; *jeść* „essen", *je* „er ißt", *jedz* „iß"; *wiedzieć* „wissen", *wie* „er weiß", *wiedz* „wisse".

Das Hilfsverb *być* „sein" leitet den Imperativ vom Futur ab, *będzie* „er wird sein", *bądź* „sei".

II.

Von dieser Grundform werden durch Anfügen der Endung *-my* und *-cie* die 1. bzw. 2. Pers. Pl. gebildet. Die 3. Pers. Sg. und Pl. wird durch die 3. Pers. Sg. bzw. Pl. des Präsens ersetzt, dem *niech*, seltener *niechaj* vorangestellt wird.

1. Pers. Sg.	*kup!*	kaufe!
2. Pers. Sg. *niech*	*kupi!*	er soll (möge) kaufen!
1. Pers. Pl.	*kupmy!*	laßt uns kaufen!
2. Pers. Pl.	*kupcie!*	kauft!
3. Pers. Pl. *niech*	*kupią!*	sie sollen (mögen) kaufen!

Die 3. Pers. Sg. und Pl. des Imperativs findet besonders bei der Höflichkeitsform Anwendung ,s. § 16.

Es ist zu beachten, daß beim gebietenden Imp. häufig ein perfektives, beim verbietenden Imp. aber ein imperfektives Verb steht, *zrób to* „tu das", jedoch: *nie rób tego* „tu das nicht".

§ 43. Das Präteritum
(Czas przeszły)

Im Gegensatz zum Deutschen besitzt das Polnische nur eine Zeit in der Vergangenheit. Da es sich beim poln. Präteritum aber um ein ursprgl. Partizip handelt, unterscheidet man wie beim Nomen im Singular drei Genera, im Plural Personal- und Sachform, zu dieser s. § 7 Bemerkg., § 23.

Das Präteritum wird vom Infinitivstamm gebildet. Man streicht die Infinitivendung *-ć* und setzt an deren Stelle folgende Grundformen.

Singular: mask. *-ł*, fem. *-ła*, neutr. *-ło*.
Plural: Personalform *-li*, Sachform *-ły*.

An diese Formen werden folgende Personalendungen angefügt.

Singular:
1. Pers. mask. *-em*, fem. *-m*, neutr. —
2. Pers. mask. *-eś*, fem. *-ś*, neutr. —
3. Pers. mask — fem. — neutr. —

Plural: (Personal- und Sachform).
1. Pers. -*śmy*
2. Pers. -*ście*
3. Pers. —

Beispiel: czytać „lesen"

Singular

	mask.	fem.	neutr.
ich las	*czytałem*	*czytałam*	—
du last	*czytałeś*	*czytałaś*	—
er, sie, es las	*czytał*	*czytała*	*czytało*

Pluaral

	Personalform	Sachform
wir lasen	*czytaliśmy*	*czytałyśmy*
ihr last	*czytaliście*	*czytałyście*
sie lasen	*czytali*	*czytały*

Bemerkungen

1. In der 1. und 2. Pers. Pl. ruht der Akzent auf der drittletzten Silbe, *czytàliśmy, czytàliście*.

2. Das Personalpronomen wird nur gesetzt, wenn es besonders betont ist, *ja to zrobiłem, nie ty* „Ich habe das getan, nicht du".

3. Der Lernende möge gut zwischen den Grundformen und den Personalendungen unterscheiden, *czytał/em, czytała/m, czytali/śmy*, Näheres s. u.

Entsprechend werden die meisten anderen Verben gebildet, z. B. *brać* „nehmen", *brałem, brałeś, brał*; *pisać* „schreiben", *pisałem*; *kupować* „kaufen", *kupowałem*; *otrzymywać* „erhalten", *otrzymywałem*; *robić* „tun", *robiłem*; *być* „sein", *byłem*; *kuć* „schmieden", *kułem* usw.

Die Bildung des Präteritums bietet also bei der Mehrzahl der Verben keinerlei Schwierigkeiten. Bei einigen Verbalgruppen sind jedoch Lautveränderungen zu beachten.

1. Wechsel von e : a, s. § 4, 4.

Verben, die im Infinitiv auf *-eć* enden, mit Ausnahme der Gruppe § 39, 1 Gruppe B, 3 b, verwandeln *e : a* vor *ł*, d. h.

in allen Formen außer der Personalform. Beispiel: *mieć* „haben“.

Singular, mask.   *miałem, miałeś, miał*
         fem.   *miałam, miałaś, miała*
         neutr.   —,   —,   *miało*
Plural, Personalform   *mieliśmy, mieliście, mieli*
         Sachform   *miałyśmy, miałyście, miały*

Ebenso: *wiedzieć* „wissen“, *wiedział, wiedzieli, wiedziały*; *śmieć* „wagen“, *śmiał, śmieli, śmiały*; *milczeć* „schweigen“, *milczał, milczeli, milczały*; *chcieć* „wollen“, *chciał, chcieli, chciały*; *istnieć* „existieren“, *istniał, istnieli, istniały* u. v. a.

Die einsilbigen Verben auf *-ać* mit Präsensstamm *-e-*, § 39,1 Gruppe A, 4, z. B. *lać* „gießen“, behalten im ganzen Präteritum das *a* des Infinitivs bei, in der Personalform des Plurals haben sie *a* oder *e, lałem, lałeś, lał; laliśmy* od. *leliśmy, laliście* od. *leliście, lali* od. *leli*.

Den Wechsel *e : a* haben auch die Verben *jeść* „essen“, § 40, *leźć* „kriechen“, dazu das häufige *znaleźć* pf. „finden“ und *siąść* pf. „sich setzen“, § 39,1 Gruppe B, 4, bei denen jedoch noch zusätzliche Lautveränderungen auftreten.

jadłem „ich aß“, *jadłeś, jadł; jadłam, jadłaś, jadła; jadło; jedliśmy, jedliście, jedli; jadłyśmy, jadłyście, jadły*.

znalazłem „ich fand“, *znalazłeś, znalazł; znalazłam, znalazłaś, znalazła, znalazło; znaleźliśmy, znaleźliście, znaleźli; znalazłyśmy, znalazłyście, znalazły*.

siadłem „ich setzte mich“, *siadłeś, siadł; siadłam, siadłaś, siadła; siadło; siedliśmy, siedliście, siedli; siadłyśmy, siadłyście, siadły*.

2. Wechsel von *ą : ę*, s. § 4,3.

Bei den zahlreichen Verben auf *-nąć*, sowie bei den Verben auf *ąć* § 39, 1 Gruppe B, 2, begegnet der Wechsel von *ą : ę*. Im Sg. mask. steht *ą*, da die Silbe hier ursprgl. geschlossen ist, in allen anderen Formen steht *ę*. Beispiel: *ciągnąć* „ziehen“.

Singular, mask.   *ciągnąłem, ciągnąłeś, ciągnął*
         fem.   *ciągnęłam, ciągnęłaś, ciągnęła*
         neutr.   —,   —,   *ciągnęło*

Plural, Personalform *ciągnęliśmy, ciągnęliście, ciągnęli*
Sachform *ciągnęłyśmy, ciągnęłyście, ciągnęły*
Ebenso gehen sehr viele Verben auf *-nąć* und alle Verben
auf *-ąć*, z. B. *wziąć* pf. „nehmen", *wziąłem, wziąłeś, wziął;
wzięłam, wzięłaś* usw., das *ą* bzw. *ę* vor *ł* wird wie *o* bzw. *e*
ausgesprochen.

3. Schwund von *-ną-*, *-nę-*.

Eine Reihe von Verben auf *-nąć* wirft im Präteritum *-ną-*,
-nę- ab, so daß die Präteritalendungen unmittelbar an den
Verbalstamm angefügt werden, z. B. *zamilknąć* pf. „ver-
stummen", *zamilkłem, zamilkł, zamilkli* usw. Welche Verben
im Präteritum *-ną-*, *-nę-* abwerfen, entscheidet der Sprachgebrauch.

Das Bildungselement *-ną-*, *-nę-* verlieren in jedem Fall
Verben mit doppeltem Infinitiv auf *-nąć* od. *c*, s. § 39, 1
Gruppe B, 1, z. B. *biegnąć* od. *biec* „laufen", jedoch nur
biegł „er lief"; *polegnąć* od. *polec* pf. „fallen, sterben", *poległ*
„er fiel". Ferner viele inchoative Verben, z. B. *słabnąć*
„schwach werden", *słabłem, słabł, słabli; bladnąć* „erbleichen", *bladłem, bladł, bladli* u. a.

Außerdem gibt es Verben, die beide Bildungsmöglichkeiten
haben, z. B. *gasnąć* „verlöschen", *gasnął* od. *gasł; niknąć*
„verschwinden", *niknął* od. *nikł*.

§ 44. Abweichende Bildungen

1. Verben auf *-ść* (*-źć*), s. § 39, 1 Gruppe B, 4.

Bei den Verben auf *-ść* (*-źć*) kann man das Präteritum
nicht unmittelbar vom Infinitiv ableiten. Den Konsonanten
des Infinitivstammes, an den die Präteritalendungen angefügt werden, findet man vielmehr in der 1. Pers. Sg. Präs.,
z. B. *kłaść* „legen", 1. Pers. Sg. Präs. *kładę*, Prät. *kładłem,
kładł, kładli, kładły* usw.; *paść* „weiden, füttern", *pasę, pa-
słem, pasł, paśli, pasły; gryźć* „beißen, nagen", *gryzę, gryzłem,
gryzł, gryźli, gryzły*.

Bei den Verben *gnieść* „drücken", *mieść* „fegen", *nieść*
„tragen", *pleść* „flechten", *wieść* „führen", *wieźć* „fahren"
begegnet außerdem der Wechsel *e* : *o* : *ó*, s. § 4,4 u. 3.

Beispiel: wieść „führen".

Singluar,	mask.	*wiodłem, wiodłeś, wiódł*
	fem.	*wiodłam, wiodłaś, wiodła*
	neutr.	—, —, *wiodło*
Plural,	Personalform	*wiedliśmy, wiedliście, wiedli*
	Sachform	*wiodłyśmy, wiodłyście, wiodły*

Bei *grząść* „steckenbleiben", *prząść* „spinnen" u. *trząść* „schütteln" ist der Wandel von ą zu ę, s. o. zu beachten, *grzązłem, grzązł, grzęzłam, grzęzła, grzęźli, grzęzły; trząsł, trzęsła, trzęśli, trzęsły; prządł, przędła, przędli, przędły.*
Zum Präteritum von *jeść* „essen", *leźć* „kriechen" u. *siąść* pf. „sich setzen", s. § 43, 1.
Das Präteritum von *iść* „gehen" wird von einem besonderen Stamm gebildet.

Singular,	mask.	*szedłem, szedłeś, szedł*
	fem.	*szłam, szłaś, szła*
	neutr.	—, —, *szło*
Plural,	Personalform	*szliśmy, szliście, szli*
	Sachform	*szłyśmy, szłyście, szły*

Bei den Komposita *przyjść* pf. „kommen", *dojść* pf. „gelangen" u. ä. fehlt im Prät. das *j*, da hier ja ein anderer Stamm vorliegt, *przyszedłem, przyszedł; doszedłem, doszedł.* Von *odejść* pf. „weggehen" u. ä. heißt es *odszedłem, odeszła, odeszli.*

2. Verben auf -*c*, s. § 39, 1 Gruppe B, 5.
Den Konsonanten des Infinitivstammes, an welchen die Präteritalendungen angefügt werden, findet man in der 1. Pers. Sg. Präs., z. B. *strzec* „hüten", 1. Pers. Sg. Präs. *strzegę*, Prät. *strzegłem, strzegł, strzegli, strzegły; rzec* „sagen", *rzeknę, rzekłem, rzekł, rzekli, rzekły.*
Bei den Verben *móc* „können" und *wlec* „ziehen" und deren Komposita ist der Wechsel von o : ó zu beachten, *móc, mogę, mogłem, mogłeś, mógł, mogła, mogli, mogły; wlec, wlokę, wlokłem, wlokłeś, wlókł, wlokła, wlokli, wlokły.*
3. Verben auf -*eć*, § 39,1, Gruppe B, 3 b.
Das Präteritum läßt sich nicht vom Infinitiv ableiten. Im Prät. liegt ein veränderter Stamm vor. Beispiel: *umrzeć* pf. sterben.

Singular, mask.   *umarłem, umarłeś, umarł*
         fem.   *umarłam, umarłaś, umarła*
         neutr.   —,   —,   *umarło*

Plural,   Personalform *umarliśmy, umarliście, umarli*
        Sachform *umarłyśmy, umarłyście, umarły*

Ebenso: *drzeć* „reißen", *darł*; *zawrzeć* pf. „schließen",
zawarł u. a. Dagegen wrzeć „sieden", wrzał.
mleć „mahlen", u. *pleć* „jäten" haben *mełłem, mełłeś,
mełł, mełła, mełli, mełły*; *pełłem, pełłeś, pełł, pełła, pełli,
pełły.*

§ 45. Bewegliche Personalendungen des Präteritums

Die Personalendungen des Präteritums sind beweglich,
d. h. sie können, außer an die Grundformen des Präteritums,
auch an andere Wörter angefügt werden. Solche Wörter sind
die am Anfang des Haupt- oder Nebensatzes stehenden Konjunktionen (außer *a* und *i*), Adverbien und Pronomina. Das
Präteritum steht in einem solchen Fall also nur in seiner
Grundform, § 43. Das *e* der mask. Personalendung *-em, -eś*
schwindet, sofern das Wort, an welches die Endung angefügt
wird, auf einen Vokal endet. Die erwähnte Bildungsart ist
vor allem umgangssprachlich sehr geläufig.

Beispiel: dtsch. „als ich war" usw.

                Singular   oder   Singular

mak.	fem.	neutr.		mask.	fem.	neutr.
kiedy	*byłem,*	*byłam,*		*kiedym*	*był,*	*była,*
kiedy	*byłeś,*	*byłaś,*		*kiedyś*	*był,*	*była*
kiedy	*był,*	*była, było*		*kiedy*	*był,*	*była, było*

           Plural   Plural

Personalf.	Sachf.		Personalf.	Sachf.
kiedy *byliśmy,*	*byłyśmy*	*kiedyśmy*	*byli,*	*były*
kiedy *byliście,*	*byłyście*	*kiedyście*	*byli,*	*były*
kiedy *byli,*	*były*	*kiedy*	*byli,*	*były*

Anmerkung: Die beweglichen Personalendungen *-śmy*, *-ście* haben keinen Einfluß auf die Akzentstelle des Wortes, an das sie angefügt werden, bei *kiędyśmy*, *kiędyście byli* wird also die drittletzte Silbe betont.

§ 46. Das Plusquamperfekt·
(Czas zaprzeszły)

Das früher auftretende Plusquamperfekt ist fast gänzlich im modernen Polnisch geschwunden. Es wird aus dem Präteritum des betreffenden Verbs und dem Präteritum von *być* gebildet, *czytałem był*, *czytałam była* „ich hatte gelesen" usw. Heute werden die Formen des Plusquamperfekts durch das Präteritum ersetzt.

§ 47. Der Konditional
(Tryb przypuszczający)

Der Konditional wird durch das Präteritum + *by* ausgedrückt. An *by* werden die Personalendungen des Präteritums angefügt, § 43, so daß folgende Formen entstehen.

Singular, 1. Pers. *bym*,   2. Pers. *byś*,   3. Pers. *by*
Plural,   1. Pers. *byśmy*,   2. Pers. *byście*, 3. Pers. *by*

Die Formen werden an die Grundform des Präteritums angefügt. *By* und die hinter diesem folgende Personalendung beeinflussen nicht die Akzentstelle des vorhergehenden Wortes. Der Akzent steht also gewöhnlich zwei Silben vor *by*, sofern das Wort, das den Akzent trägt, mehrsilbig ist. Im Folgenden wird die Akzentstelle durch ein ` über dem Vokal bezeichnet.

Singular, mask.   *czỳtałbym*,   *czỳtałbyś*,   *czỳtałby*
        fem.   *czytàłabym*, *czytàłabyś*, *czytàłaby*
        neutr.   —,   —,   *czytàłoby*

Plural,   Personalform *czytàlibyśmy, czytàlibyście,*
                                        czytàliby
        Sachform   *czytàłybyśmy, czytàłybyście,*
                                          czytàłyby

Die Formen des Konditionals werden auch sehr häufig an eine am Anfang des Haupt- oder Nebensatzes stehende Kon-

junktion, an ein Adverb oder Pronomen angefügt. Sie sind
also ähnlich wie die Personalendungen des Präteritums beweglich, s. § 45, z. B. *chętnie bym czytał* od. *chętnie czytałbym*
„ich würde gern lesen, hätte gern gelesen"; *gdybym to wie-
działa* „wenn ich das gewußt hätte"; *czybyście mogli* od. *czy
moglibyście?* „könntet ihr?"; *pragnęlibyśmy tego bardzo* od.
bardzo byśmy tego pragnęli „wir würden dies sehr wünschen".
Dieser Konditional gilt für das Präsens, Futur und Präteritum, *gdybym wiedział* „wenn ich wüßte, wissen würde,
gewußt hätte". Daneben gibt es noch einen Konditional
Präteriti, der heute jedoch nur noch wenig gebraucht wird.
Bei diesem wird noch an die Form des Konditionals, ähnlich
wie beim Plusquamperfekt, das Präteritum von *być* hinzu-
gesetzt, *czytałbym był* od. *byłbym czytał* „ich hätte gelesen,
würde gelesen haben" usw.

§ 48. Das Futur

(Czas przyszły)

Die Bildung des Futurs ist davon abhängig, ob das Verb
perfektiv (pf.) oder imperfektiv (impf.) ist, s. § 58.

1. Ein pf. Verb kann keine Präsensbedeutung entwickeln.
Die Formen des Präsens haben bei ihm vielmehr die Bedeutung eines Futurs.

impf. *czytać* „lesen"   pf. *przeczytać* „(zu Ende) lesen"
czytam „ich lese"   *przeczytam* „ich werde lesen"
czytasz „du liest"   *przeczytasz* „du wirst lesen" usw.

2. Bei den impf. Verben wird das Futur umschrieben. Es
wird gebildet aus dem Futur von *być* „sein"

będę, będziesz, będzie, będziemy, będziecie, będą
und dem Infinitiv des betreffenden Verbs, *będę czytać* „ich
werde lesen", *będziesz czytać* „du wirst lesen" usw. Der Infinitiv kann auch vorgestellt werden, *czytać będę* „ich werde
lesen" usw.

Daneben gibt es noch eine zweite, häufiger gebrauchte
Bildungsart. Hierbei steht das Futur von *być* vor dem Präteritum des impf. Verbs. Dabei werden die Personalendungen

des Präteritums weggelassen, da die Person durch das Futur
von *być* genügend bestimmt ist.

Beispiel: „ich werde lesen" usw.

będę	*czytał*	oder	*będę*	*czytać*
	czytała			
będziesz	*czytał*		*będziesz*	*czytać*
	czytała			
będzie	*czytał*		*będzie*	*czytać*
	czytała			
	czytało			
będziemy	*czytali*		*będziemy*	*czytać*
	czytały			
będziecie	*czytali*		*będziecie*	*czytać*
	czytały			
będą	*czytali*		*będą*	*czytać*
	czytały			

Die Formen *będę czytał* und *będę czytać* (*czytać będę*) stehen
gleichberechtigt nebeneinander. Die Form *będę czytał* usw. ist
jedoch häufiger, vor allem in der höflichen Umgangssprache. Bei
manchen Verben ist nur diese Bildung möglich, z. B. *będę mógł*
„ich werde können", *będę musiał* „ich werde müssen". Diese Form
muß auch stehen, wenn auf das Futur noch ein Infinitiv folgt,
z. B. *będę się starał wrócić wcześniej* „ich werde mich bemühen
früher zurückzukommen".

Die Form *będę czytał* bedeutet niemals „ich werde gelesen
haben".

Man beachte ferner den großen formalen Unterschied zwischen
dem Futur eines pf. und impf. Verbs, *będę czytał* bzw. *będę czytać*
„ich werde lesen", dagegen *przeczytam* „ich werde (zu Ende)
lesen". Eine Form *będę przeczytał* oder *będę przeczytać* ist gänzlich
unmöglich.

§ 49. Das Part. Präs. Akt.

(Imiesłów współczesny przymiotnikowy)

Das Polnische besitzt ein Partizip Präsentis Aktivi und
ein Partizip Präteriti Passivi. Die Partizipien werden wie
Adjektive dekliniert.

Das Part. Präs. Akt. kann nur von imperfektiven Verben gebildet werden. Es wird vom Präsensstamm abgeleitet, indem man an die 3. Pers. Pl. Präs. die Endungen:

Singular, mask. -cy, fem. -ca, neutr. -ce
Plural, Personalform -cy, Sachform -ce

anfügt, z. B. *czytać* „lesen", *czytają* „sie lesen", *czytający* „ein Lesender, einer der liest"; *pisać* „schreiben", *piszą-cy*; *robić* „machen", *robią-cy*; *decydować* „entscheiden", *decydują-cy*; *brać* „nehmen", *biorą-cy*; *mieć* „haben", *mają-cy*; *wiedzieć* „wissen", *wiedzą-cy*; von *być* „sein" *będący*.

§ 50. Das Part. Prät. Pass
(Imiesłów bierny przymiotnikowy)

Das Part. Prät. Pass. wird vorwiegend von perfektiven, manchmal aber auch von imperfektiven Verben abgeleitet. Bei der Bildung kann man in vielen Fällen von der 3. Pers. Sg. mask. des Präteritums ausgehen. Die Endungen des Part. Prät. Pass. lauten:

Singular, -ny, -na, -ne bzw. -ty, -ta, -te
Plural, Personalf. -ni, Sachf. -ne bzw. -ci, -te

Die Endung -ny haben

1. Die Verben auf -ać (-ować, -ywać).

An Stelle des -ł des Präteritums steht -ny; *czytać* „lesen", *czytał, czytany* „gelesen"; *wybrać* pf. „auswählen", *wybrał, wybrany*; *zbudować* pf. „erbauen", *zbudował, zbudowany*; *poszukiwać* „suchen", *poszukiwał, poszukiwany*.

2. Die Verben auf -eć, mit Ausnahme von § 39, 1 Gruppe B, 3 b.

An Stelle des -ł des Präteritums steht -ny; *widzieć* „sehen", *widział, widziany*; *słyszeć* „hören", *słyszał, słyszany*; *zapomnieć* pf., *zapomniał, zyapomniany*. Zum Wechsel e : a s. § 4, 4.

3. a) Die Verben auf -ić, mit Ausnahme von § 39, 1 Gruppe A, 3.

Sie haben -ony aus *jeny*, s. § 4, 4. Der vor der Endung stehende Konsonant hat dieselbe Lautgestalt wie in der 1. Pers. Sg. Präs.; *kupić* pf. „kaufen", *kupię, kupiony*;

pochwalić pf. „loben", *pochwalę, pochwalony*; *zapłacić* pf. „bezahlen", *zapłacę, zapłacony*; *zaprosić* pf. „einladen", *zaproszę, zaproszony*. Bei der Personalform des Plurals *-ni*, wird *-ony* zu *-eni*; Persf. *pochwaleni*, Sachf. *pochwalone*; *zaproszeni goście* „die eingeladenen Gäste", jedoch *zaproszone kobiety* „die eingeladenen Frauen".

b) Die Verben auf *-ść (-źć)* und *-c* der I. Klasse, § 39, 1 Gruppe B, 4, 5. Sie haben ebenfalls *-ony*, das jedoch auf *-eny* zurückgeht. Der vor der Endung stehende Konsonant hat dieselbe Lautgestalt wie in der 3. Pers. Sg. Präs.

powieść pf. „hinführen", *powiedzie, powiedziony*; *pleść* „flechten", *plecie, pleciony*; *przynieść* pf. „bringen", *przyniesie, przyniesiony*; *potrząść* pf. „schütteln", *potrzęsie, potrzęsiony*; *ugryźć* pf. „abbeißen", *ugryzie, ugryziony*; *znaleźć* pf. „finden", *znaleziony*; *wypiec* pf. „ausbacken", *wypiecze, wypieczony*; *stłuc* pf. „zerschlagen", *stłucze, stłuczony*.

jeść „essen" hat *jedzony*; *mleć* „mahlen", *mielony*; *pleć* „jäten", *pielony*.

In der Personalf. haben Verben wie *powiedziony, pleciony* außer dem bei allen Verben dieser Gruppe auftretenden Wandel von *o* zu *e* zusätzlich einen unregelmäßigen Wandel von *dź* zu *dz*, *ć* zu *c*, *powiedziony*: *powiedzeni*; *gnieciony*: *gnieceni*.

Die Endung *-ty* haben

1. Die einsilbigen Verben auf *-ić, -yć, -uć*, § 39,1 Gruppe A,3. *bić* „schlagen", *bity*; *szyć* „nähen", *szyty*; *kuć* „schmieden", *kuty* u. a.

2. Alle Verben auf *-ąć*, § 39, 1 Gruppe B, 2 und sehr viele Verben auf *-nąć*, § 39, 1 Gruppe B, 1.
Die Endung ist *-ęty*, da hier Wechsel von *ą : ę*, s. § 4, 3, *wziąć* pf. „nehmen", *wzięty*; *zająć* pf. „besetzen", *zajęty*; *zacząć* pf. „beginnen", *zaczęty*; *ściąć* pf. „abhauen", *ścięty*; *wyżąć* pf. „auswringen", *wyżęty*.

Die Verben auf *-nąć* haben meistens *-ięty*, daneben aber auch *-ony*, ohne das eine Regel aufzustellen wäre, z. B. *kopnąć* pf. „einen Fußtritt versetzen", *kopnięty*; *pęknąć* pf. „platzen", *pęknięty*; *ciągnąć* „ziehen", *ciągnięty* od. *ciągniony*; *cofnąć* pf. „zurückziehen", *cofnięty*.

3. Die Verben auf *-eć*, §39, 1 Gruppe B, 3 b

Bei den Verben *drzeć, przeć, trzeć* u. *żreć* sowie deren Komposita leitet man das Part. von Präteritum ab, *rozedrzeć* pf. „zerreißen", *rozdarł* „er zerriß", *rozdarty* „zerrissen"; *oprzeć* pf. „stützen", *oparł, oparty*; *wytrzeć* pf. „abwischen", *wytarł, wytarty*; *pożreć* pf. „auffressen", *pożarł, pożarty*; *zawrzeć* pf. „schließen", *zawarł, zawarty*.

§ 51. Das Gerund. Präs. Akt.

(Imiesłów współczesny przysłówkowy)

Das Polnische hat ein Gerundium Präsentis Aktivi und ein Gerundium Präteriti Aktivi. Beide Gerundien sind unveränderlich. Über ihren Gebrauch s. § 53.

Die Bildung des Gerund. Präs. Akt. ist die gleiche wie beim Part. Präs. Akt. Es kann nur von imperfektiven Verben gebildet werden. An die 3. Pers. Pl. Präs. wird *-c* angefügt, *czytać* „lesen", *czytają* „sie lesen", *czytając* „lesend"; *pisać* „schreiben", *piszą-c* usw., von *być* „sein" heißt es *będąc*.

§ 52. Das Gerund. Prät. Akt.

(Imiesłów uprzedni przysłówkowy)

Es wird nur von perfektiven Verben gebildet. Es liegt der Infinitivstamm zugrunde. Man leitet jedoch die Form am bequemsten von der 3. Pers. Sg. mask. des Präteritums ab.

Geht dem *-ł* des Prät. ein Vokal voraus, so tritt die Endung *-wszy* an die Stelle von *-ł, kupić* pf. „kaufen", *kupił* „er kaufte", *kupiwszy* „gekauft habend"; *powrócić* pf. „zurückkehren", *powrócił, powróciwszy*; *dać* pf. „geben", *dał, dawszy*; *wziąć* pf. „nehmen", *wziął, wziąwszy*; *powiedzieć* pf. „sagen", *powiedział, powiedziawszy*.

Geht dem *-ł* des Prät. ein Konsonant voraus, so wird an-*ł* noch die Endung *-szy* angefügt, *zjeść* pf. „aufessen", *zjadł, zjadłszy*; *pójść* pf. „losgehen", *poszedł, poszedłszy*; *pomóc* pf. „helfen", *pomógł, pomógłszy*; *wytrzeć* pf. „abwischen", *wytarł, wytarłszy*.

§ 53. Der Gebrauch der Partizipien und Gerundien

Die Partizipien können wie im Deutschen attributiv, prädikativ und substantivisch gebraucht werden, *płaczące dziecko* „das weinende Kind", *gość został zaproszony* „der Gast wurde eingeladen", *przewodniczący* „der Vorsitzende". Die Partizipien dienen aber auch zur Verkürzung von Relativsätzen, sofern das Relativpronomen im Nominativ steht. Das Partizip steht dann im gleichen Kasus, Numerus und Genus wie das Wort, auf das es sich bezieht, *mieszkam w domu, który ma cztery piętra = mieszkam w domu mającym cztery piętra* „ich wohne in einem Hause, das vier Stockwerke hat." Das Part. Präs. Akt. steht (seltener) auch in futurischen u. präteritalen Sätzen, sofern das Tempus des Haupt- u. Nebensatzes gleich ist, *chłop, który nie miał własnego konia, musiał czekać = chłop nie mający własnego konia musiał czekać* „ein Bauer, der kein eigenes Pferd hatte, mußte warten". *Przeniosłem się do dzielnicy, która została zbudowana dopiero po wojnie = Przeniosłem się do dzielnicy zbudowanej dopiero po wojnie* „ich bin in einen Stadtteil gezogen, der erst nach dem Kriege gebaut worden ist." Mit Hilfe des Part. Prät. Pass. wird auch das Passiv gebildet, s. § 56.

Die Gerundien dienen zur Verkürzung von konjunktionalen Nebensätzen, sind also durch „als, während, nachdem, indem, weil usw." wiederzugeben. Das Gerund. Präs. Akt. ist das Gerund. der Gleichzeitigkeit. Es wird gebraucht, wenn die Handlung des Nebensatzes mit der Handlung des Hauptsatzes gleichzeitig vonstatten geht, kann also auch beim Futur und Präteritum stehen. Z. B. *kiedy wracał do domu zastał tam swojego przyjaciela = wracając do domu zastał tam swojego przyjaciela* „als er nach Hause zurückkehrte, traf er dort seinen Freund an"; *będąc studentem będę musiał pilnie pracować* „als Student werde ich fleißig arbeiten müssen". Das Gerund. Prät. Akt. ist das Gerund. der Vorzeitigkeit. Es wird angewandt, wenn die Handlung des Nebensatzes zeitlich vor der des Hauptsatzes liegt, *przeczytawszy gazetę odłożył ją* „nachdem er die Zeitung gelesen hatte, legte er sie weg"; *zjadłszy obiad pójdę na przechadzkę* „nach dem Mittagessen werde ich einen Spaziergang machen".

§ 54. Das Verbalsubstantiv
(Rzeczownik odsłowny)

Das Verbalsubstantiv (substantivierter Infinitiv), das im Poln. sehr häufig vorkommt, wird von perfektiven u. imperfektiven Verben gebildet. Es hat die Endungen -nie bzw. -cie und wird wie ein Neutrum dekliniert. Die Bildung geschieht vom Part. Prät. Pass. und zwar von der Personalform des Plurals aus, s. § 50.

czytać „lesen", *czytany* „gelesen", Persf. *czytani, czytanie* „das Lesen"; *zaprosić* pf. „einladen", *zaproszony, zaproszeni, zaproszenie* „die Einladung"; *trząść* „schütteln, beben", *trzęsiony, trzęsieni-e* „das Beben"; *uwieść* pf. „verführen", *uwiedziony, uwiedzeni-e* „die Verführung"; *zastrzec* pf. „etwas vorbehalten", *zastrzeżony, zastrzeżeni-e* „der Vorbehalt"; *pić* „Trinken", *pity, pici-e* „das Trinken, das Getränk"; *kopnąć* pf. „einen Fußtritt versetzen", *kopnięty, kopnięci-e* „der Fußtritt"; *oprzeć* pf. „stützen", *oparty, oparci-e* „Stütze".

Verben auf -*eć* wie z. B. *istnieć* „existieren", *widzieć* „sehen", *milczeć* „schweigen", *siedzieć* „sitzen" bilden das Verbalsubstantiv direkt vom Infinitiv, *istnienie* „die Existenz". Bei Verben, die zur II. Klasse gehören, hat der vor der Endung stehende Konsonant dieselbe Lautgestalt wie in der 1.Pers. Sg. Präs., *widzenie* „das Sehen", *milczenie* „das Schweigen", *siedzenie* „das Sitzen, der Sitz".

Das Verbalsubstantiv wird auch von intrasitiven Verben gebildet, *chodzenie* „das Gehen" u. a.

§ 55. Das Reflexiv
(Strona zwrotna)

Mit Hilfe des Reflexivpronomens *się*, s. § 17 wird das reflexive Verb ausgedrückt. Das Reflexivpronomen bleibt unverändert für alle Personen im Singular und Plural, *myję się* „ich wasche mich", *myjesz się* „du wäschst dich", *myje się* „er wäscht sich", *myjemy się* „wir waschen uns", *myjecie się* „ihr wascht euch", *myją się* „sie waschen sich", *myłem się* „ich wusch mich", *umywszy się* „sich gewaschen habend" usw.

Der Pole bedient sich weit häufiger der reflexiven Aus-
drucksweise als der Deutsche. Dtsch. Intransitiva werden
häufig durch Reflexivbildungen wiedergegeben, z. B. *goić
się, leczyć się* „heilen", *kończyć się* „endigen", *zaczynać się*
„beginnen", *palić się* „brennen", *straszyć się* „erschrecken".
Folgen zwei Reflexiva in einem Satz aufeinander, so fällt
się beim zweiten Verb fort, *rozebrałem się i położyłem do
łóżka* „ich zog mich aus und legte mich ins Bett".

Das Reflexivum *się* kann vor und hinter dem Verb stehen. Die
Stellung vor dem Verb wird bevorzugt und zwar steht es dann oft
an zweiter Stelle des Satzteiles, *jak się pan nazywa?* „wie heißen
Sie?"; *dlaczego się śmiejesz?* „weswegen lachst du?"; *brat się już
dawno wyprowadził* „der Bruder ist schon lange ausgezogen."

Als Reflexiv erscheint auch *sobie*, z. B. *kupiłem sobie dom*
„ich habe mir ein Haus gekauft", *kupiłeś sobie* „du hast dir
gekauft" usw.
Auch beim Verbalsubstantiv kann das Reflexiv beibehalten
werden, *uczenie się języków obcych* „das Lernen von Fremd-
sprachen", *leczenie się* „Heilung, Kur", *stawienie się* „das
Sichstellen, Erscheinen".

§ 56. Das Passiv
(Strona bierna)

Das Passiv wird mit Hilfe von *być* bzw. *zostać* und dem
Part. Prät. Pass. eines imperfektiven oder perfektiven Verbs
gebildet. Bei den impf. Verben steht *być*, bei den pf. *zostać*, in
einigen Fällen ebenfalls *być*. Die poln. Passivbildung ist
dadurch kompliziert, daß außer den Tempora und Genera
noch zusätzlich zwischen pf. und impf. Verben unterschieden
wird. Jedoch wird das Passiv meistens durch andere Konstruktionen ersetzt. Nur im Präteritum ist es häufiger.
Beispiel: Passiv mit impf. Verb *myć* „waschen" u. pf. Verb
umyć „waschen".

Präsens,	*jestem myty, -a, -e*	*jestem umyty, -a, -e*
	ich werde	ich bin gewaschen
	gewaschen	(worden)

jesteś myty, -a, -e   *jesteś umyty, -a, -e*
usw.   usw.
jesteśmy myci, myte *jesteśmy umyci, umyte*
usw.   usw.

Futur,   *będę myty, -a, -e*   *zostanę, będę umyty, -a,-e*
                ich werde   ich werde gewaschen
                gewaschen werden   worden sein

Präteritum,   *byłem myty*   *zostałem, byłem umyty*
                ich wurde   ich wurde gewaschen
                gewaschen

Konditional, *byłbym myty*   *zostałbym, byłbym umyty*
                ich würde   ich würde gewaschen
                gewaschen werden   worden sein

Imperativ,   *bądź myty, -a, -e*   *zostań umyty, -a, -e*
                werde gewaschen   werde gewaschen

Der Unterschied bei der Bildung eines pf. Verbs mit *być* und
zostać, *był umyty* bzw. *został umyty*, besteht darin, daß die Bildung
mit *zostać* die Tätigkeit, mit *być* das Resultat ausdrückt.
Der Urheber der Handlung wird durch *przez* + Akk. ausgedrückt, *list został przyniesiony przez listonosza* „der Brief wurde
vom Briefträger gebracht".
Das Passiv wird häufig durch andere Konstruktionen ersetzt.
Anstatt *kilku zasłużonych działaczy oświatowych zostało udekoro-
wanych przez Ministra Oświaty* „einige verdiente Kulturschaffende
wurden vom Kultusminister ausgezeichnet" sagt man aktivisch,
*Minister Oświaty udekorował kilku zasłużonych działaczy oświato-
wych* „der Kultusminister zeichnete einige verdiente Kulturschaffende aus". Häufig sind die unpersönlichen Konstruktionen,
§ 57, dtsch. „man"; *dom jest budowany* „das Haus wird gebaut"
= *dom się buduje* „man baut das Haus"; *zniszczone miasto zostało
odbudowane* „die zerstörte Stadt wurde wieder aufgebaut" =
zniszczone miasto odbudowano „man baute . . .“; *jutro będzie zbierane
żyto* „morgen wird Roggen geerntet werden" = *jutro będzie się
zbierać żyto* „morgen wird man . . .“; *ta sprawa będzie mogła być
jakoś załatwiona* „die Angelegenheit wird irgendwie erledigt werden können" = *tę sprawę można będzie jakoś załatwić* „diese Angelegenheit wird man . . .“.

§ 57. Unpersönliche Bildungen
(Zwroty nieosobowe)

1. Das dtsch. „man" wird im Präs. u. Futur durch die
3. Pèrs. Sg. des Verbs + się ausgedrückt, *tu mówi się po
polsku* „hier spricht man polnisch". Seltener gebraucht man
die 3. Pers. Pl. *mówią* „man sagt"; *jak cię widzą, tak cię
piszą*, etwa: „Kleider machen Leute."

Im Prät. bildet man die entsprechenden Formen, indem
man an das Part. Prät. Pass. sowohl von perfektiven als auch
imperfektiven Verben -o anfügt, *mówiono* „man sagte",
chodzono „man ging", *czytano* „man las", *przeczytano* „man
hat durchgelesen". Reflexive Verben behalten das *się* bei,
myto się „man wusch sich". Die unpersönlichen Formen dienen zur Umschreibung des Passivs, s. § 56.

Es ist zu beachten, daß die unpers. Formen ein Akkusativobjekt
bedingen, *co czwarty rok wybiera się radę narodową* „jedes vierte
Jahr wählt man den Nationalrat", pass. *co czwarty rok jest wybie-
rana rada narodowa*; *otwarto wystawę malarstwa nowoczesnego* „man
hat eine Ausstellung moderner Malerei eröffnet", pass. *otwarta
została wystawa malarstwa nowoczesnego*.

In Sprichwörtern wird „man" auch durch die 2. Pers. Sg.
ausgedrückt, *jak sobie pościelesz, tak się wyśpisz* „wie man
sich bettet, so schläft man".

Słychać „man hört", *widać* „man sieht", Fut. *słychać,
widać będzie*, Prät. *słychać, widać było* begegnen nur als un-
veränderliche Infinitive, *co słychać?* „was hört man Neues?"
Ferner *znać* „man erkennt, man sieht", *znać pana po cholewach*
„man erkennt gleich den Herrn" (an den Schaftstiefeln).
Znać „kennen" wird aber außerdem wie ein gewöhnliches
Verb flektiert.

2. Dtsch. „es" in unpers. Ausdrücken wird durch die 3. Pers.
Sg. von *być* „sein", *jest, będzie, było* wiedergegeben. Im Präs.
kann *jest* wegfallen, *żal mi (było)* „es tut (tat) mir leid",
szkoda (było) czasu „es ist (war) schade um die Zeit". Ferner
adverbielle Verbindungen wie z. B. *ciepło (będzie)* „es ist (wird)
warm", *bardzo mi przykro* „es ist mir sehr unangenehm".

Bezeichnet dtsch. „es" die Nachstellung des Subjekts, so erscheint das Verbum im Poln. in persönlicher Form, z. B. *wszyscy świadkowie byli obecni* „es waren alle Zeugen anwesend", *był to cudzoziemiec* „es war ein Ausländer".

„Es gibt" wird mit *jest* bzw. *są* wiedergegeben, *czy jest masło, czy są świeże jajka?* „Gibt es Butter, gibt es frische Eier?" In der Verneinung heißt es *nie ma*, Prät. *nie było*, das logische Subjekt steht im Genitiv, *chleba nie ma (nie było)* „es gibt (gab) kein Brot".

Merke ferner unpers. Ausdrücke wie z. B. *można* „man kann", *wolno* „man darf", *trzeba* „man muß, es ist nötig", *należy* „es gehört sich, man soll", *podoba mi się* „es gefällt mir".

§ 58. Die Aspekte
(Rodzaje czynności)

Fast jedes poln. Verb unterscheidet auf Grund formaler Merkmale zwischen einem perfektiven (vollendeten, dokonany) und einem imperfektiven (unvollendeten, niedokonany) Aspekt. Unter Aspekt versteht man die Blickrichtung, unter welcher der durch das Verb bezeichnete zeitliche Verlauf der Handlung betrachtet wird. Betrachtet man die Handlung im Hinblick auf den Endpunkt ihres zeitlichen Verlaufs, also auf das Ziel, auf das Resultat hin, so gebraucht man den pf. Aspekt. Betrachtet man die Handlung nur in Hinblick auf ihren Verlauf ohne zeitliche Begrenzung, so verwendet man den impf. Aspekt.

Auch im Deutschen trifft man diese Unterscheidung, wenn auch nur noch in Restformen, impf. „bauen", pf. erbauen"; „steigen", „ersteigen"; „essen", „aufessen" usw.

Der impf. Aspekt beschreibt Tätigkeiten und Zustände ohne zeitliche Begrenzung, ohne Angabe des Resultats. Er steht ferner nach Verben wie z. B. *przestać* „aufhören", *skończyć* „beenden", *zacząć* „anfangen", *kontynuować* „fortsetzen", *lubić* „gern haben"; nach Adverbien, die eine zeitliche Dauer ausdrücken, z. B. *bezustannie* „unaufhörlich", *chwilami* „zeitweise", *ciągle* „dauernd", *czasem* „manchmal", *często* „häufig", *długo* „lang", *niekiedy* „manchmal",

wciąż „dauernd", *zawsze* „immer", *zwykle* „gewöhnlich",
coraz „immer (mehr)", *w miarę jak* „in dem Maße wie".

Der impf. Aspekt hat folgende Zeiten: Präsens, Präteritum,
Futur.

Der pf. Aspekt beschreibt den Abschluß, das Resultat einer
Handlung, die Aufeinanderfolge von Ereignissen bzw. deren
Einmaligkeit. Er steht ferner nach Adverbien wie z. B.
nagle „plötzlich", *na koniec* „schließlich", *naraz* „auf einmal",
nareszcie „endlich", *natychmiast* „sofort", *wkrótce* „in Kürze",
zaraz „gleich".

Da das Präsens nur den Verlauf einer Tätigkeit oder eines
Zustandes in der Gegenwart ohne zeitliche Abgrenzung an-
gibt, haben pf. Verben kein Präsens. Sie besitzen nur Präteritum und Futur, zur Bildung des letzteren s. § 48, 1.

Beispiele: *Wczoraj pisałem* (impf.) *list, ale go do końca nie
dopisałem* (pf.) „gestern schrieb ich einen Brief, habe ihn
aber nicht zu Ende geschrieben", im Vordersatz wird eine
Tätigkeit, im Nachsatz ein Resultat beschrieben. *Wczoraj
napisałem* (pf.) *list, który dziś wysłałem* (pf.) „gestern schrieb
ich einen Brief, den ich heute abgeschickt habe", Resultat,
Abschluß. *W następnym roku będę budował* (impf.) *własny
domek* „im nächsten Jahr werde ich ein eigenes Häuschen
bauen", es wird die Tätigkeit, nicht die Fertigstellung betont.
W następnym roku zbuduję (pf.) *własny domek* „im nächsten
Jahr werde ich ein eigenes Häuschen fertiggebaut haben",
Resultat. *Nigdy nie będę budował* (impf.) *własnego domku*
„ich werde niemals ein eigenes Häuschen bauen", es wird die
Tätigkeit betont.

§ 59. Bildung der perfektiven Verben

Um zu erkennen, ob ein Verb perfektiv oder imperfektiv
ist, muß man folgendes beachten.

1. Imperfektiv sind fast alle einfachen Verben, d. h. Verben
ohne Vorsilbe (Präfix), z. B. *czytać* „lesen", *pisać* „schreiben",
budować „bauen", *słyszeć* „hören", *żyć* „leben" usw.

Es gibt jedoch auch einige einfache Verben, die perfektiv sind,
(die imperfektive Form ist in Klammern dazugefügt), z. B. *chwycić*
„fassen", *chwycę* „ich werde fassen" (*chwytać*), *chybić* „ver-

fehlen" (*chybiać*), *czepić się* „sich festhaken, festhalten" (*czepiać się*), *dać* „geben" (*dawać*), *kazać* „befehlen, lassen" (*rozkazywać*), *kupić* „kaufen" (*kupować*), *lec* od. *legnąć* „sich legen" (*legać*), *paść* „fallen" (*padać*), *puścić* „(los)lassen" (*puszczać*), *ruszyć* „bewegen" (*ruszać*), *rzec* „sagen" (-*rzekać*), *rzucić* „werfen" (*rzucać*), *siąść* „sich setzen" (*siadać*), *skoczyć* „springen" (*skakać*), *sprawić* „verursachen" (*sprawiać*), *stać się* „werden, geschehen" (*stawać się*), *stawić* „stellen, setzen" (*stawiać*), *stąpić* „treten" (*stąpać*), *strzelić* „schießen" (*strzelać*), *trafić* „treffen" (*trafiać*), *trącić* „stoßen" (*trącać*), *wrócić* „zurückkehren" (*wracać*).

Ferner sind perfektiv die „Momentanverben" auf -*nąć*, s. § 39, 1, Gruppe B, 1, sowie einige andere Verben auf -*nąć*, z. B. *cofnąć* „zurückziehen" (*cofać*), *dźwignąć* „heben" (*dźwigać*), *kiwnąć* „winken" (*kiwać*), *minąć* „vorübergehen" (*mijać*), *siegnąć* „reichen, langen nach" (*sięgać*), *tknąć* „berühren" (*tykać*).

Einige Verben können sowohl perfektiv als auch imperfektiv sein, z. B. *darować* „schenken, verzeihen", *ofiarować* „opfern, anbieten", *potrafić* „können", *ranić* „verwunden", *razić* „schlagen, verwunden", *rznąć, rżnąć* „schneiden, schlagen", *sunąć* „schieben", *tchnąć* „atmen".

2. Durch das Vorsetzen von Vorsilben (Präfixen) wird aus einem einfachen imperfektiven Ver. ein perfektives gebildet. Die Vorsilben, die meist mit den Präpositionen identisch sind, lauten: *do-, na-, o-, od-, ob-, po-, pod-, prze-, przed-, przy-, roz-, u-, w-, wy-, wz- (ws-), z- (s-), za-*, z. B. impf. *pisać* „schreiben" pf. *napisać, zbudować* „bauen" (*budować*), *przeczytać* „lesen" (*czytać*), *powitać* „begrüßen" (*witać*), *usłyszeć* „hören" (*słyszeć*). Aus den Beispielen ist ersichtlich, daß keine festen Regeln aufzustellen sind, welche Vorsilbe im jeweiligen Falle zur Perfektivierung des Verbs gebraucht wird. Sehr häufig ist die Vorsilbe *z-*, besonders bei den Fremdwörtern auf -*ować*. Die Präsensformen der pf. Verben haben futurische Bedeutung, s. § 58, 48, 1.

Im oben erwähnten Fall dienten die Vorsilben also nur dazu, ein imperfektives Verb perfektiv zu machen, ohne jedoch dessen Bedeutung zu verändern. Wie im Deutschen wird aber auch im Polnischen oft durch die Zusammensetzung eines einfachen impf. Verbs mit einer Vorsilbe die Bedeutung des Verbs verändert, z. B. impf. *pisać* „schreiben", pf. *przepisać* „verschreiben, vorschreiben", *opisać* „beschreiben", *podpisać* „unterschreiben", *przypisać* „zuschreiben, zur Last legen"; impf. *budować* „bauen", pf. *przebudować* „umbauen", *odbudować* „wiederaufbauen", *rozbudować* „ausbauen"; impf. *czytać* „lesen", pf. *odczytać* „vorlesen", *wyczytać* „herauslesen"; impf. *robić* „machen", pf. *przerobić* „umändern", *zarobić* „verdienen", *wyrobić* „erzeugen" usw. *Przepiszę* heißt also „ich werde verschreiben". Hier hat die Vorsilbe eine doppelte Funktion, erstens macht sie das Verb perfektiv, zweitens verändert sie dessen Bedeutung.

Man muß bei jedem Verb also unterscheiden zwischen der Vorsilbe, die das Verb nur perfektiv macht und den Vorsilben, die noch zusätzlich dazu eine Bedeutungsveränderung hervorrufen. Über die Bedeutung der einzelnen Vorsilben s. u. den Präpositionen, §§ 65 u. 67.

Einige wenige mit einer Vorsilbe versehene Verben bleiben trotzdem imperfektiv, z. B. *dotyczyć* „betreffen", *należeć* „gehören", *naśladować* „nachahmen", *niedowidzieć* „schlecht sehen", *niedosłyszeć* „schlecht hören", *pomnieć* „sich erinnern", *pożądać* „begehren", *prześladować* „verfolgen", *przynależeć* „zugehören", *przystoi* „es geziemt sich", *rozumieć* „verstehen", *sprzyjać* „günstig sein".

§ 60. Bildung der imperfektiven Verben

Wichtig ist nun zu wissen, wie zu den zusammengesetzten pf. Verben die imperfektiven Entsprechungen lauten, da ja nur von impf. Verben ein Präsens gebildet werden kann. *Przepiszę* heißt „ich werde verschreiben", wie heißt dann „ich verschreibe"? Die Bildung solcher impf. Verben aus zusammengesetzten pf. Verben geschieht durch Veränderung des Infinitivstammes der pf. Verben. Es lassen sich dabei für die Mehrzahl der Verben bestimmte Regeln aufstellen.

1. Die zahlreichen Verben auf *-ać* (I. und III. Klasse) und *-ować* (I. Klasse) haben *-ywać*, nach *k, g, ch -iwać* (I. Klasse, s. § 39, 1 Gruppe A, 2), z. B. impf. *pisać* „schreiben", pf. *przepisać* „verschreiben", impf. *przepisywać* (*przepisuję, przepisujesz* usw.); *odczytać* „vorlesen" — *odczytywać*; *odbudować* „wiederaufbauen" — *odbudowywać*; *otrzymać* „erhalten"

— *otrzymywać*; *wychować* „erziehen" — *wychowywać*; *opłakać* „beweinen" — *opłakiwać*.

2. Verben auf *-ić* bzw. *-yć* (II. Kl.) ersetzen *-ić* (*-yć*) durch *-(i)ać* aus *jać*. Der vor dieser Endung stehende Konsonant zeigt Erweichung nach § 4, 1, Tabelle IV. Praktisch hat der vor *-(i)ać* stehende Konsonant dieselbe Lautgestalt wie in der 1. Pers. Sg. Futur des pf. Verbs. Ein *o* der Wurzelsilbe wird außerdem zu *a*. Die impf. Bildungen gehen nach der III. Klasse, z. B. impf. *chwalić* „loben", pf. *uchwalić* (*uchwalę*) „beschließen" — impf. *uchwalać* (*uchwalam, uchwalasz* usw.); *przykleić* (*przykleję*) „ankleben" — *przyklejać*; *opłacić* (*opłacę*) „bezahlen" — *opłacać*; *wypuścić* (*wypuszczę*) „herauslassen" *wypuszczać*; *odważyć się* (*odważę się*) „wagen" — *odważać się*; *zarobić* (*zarobię*) „verdienen" — *zarabiać*; *zaprosić* (*zaproszę*) „einladen" — *zapraszać*.

Jedoch: *mówić* „sprechen" — *mawiać*, z. B. *zamówić* „bestellen" — *zamawiać*; *wrócić* „zurückkehren" — *wracać*; *służyć* „dienen" — *sługiwać*, z. B. *obsłużyć* „bedienen" — *obsługiwać*; *otworzyć* „öffnen" — *otwierać*; *powtórzyć* „wiederholen" — *powtarzać*.

Die Verben auf *-eć* (II. Klasse, s. § 39, 2, 3) haben meist impf. Bildungen auf *-ywać* (I. Kl.), seltener auf *-(i)ać* (III. Kl.) daneben aber noch andere Abweichungen, z. B. pf. *nabrzmieć* „anschwellen" — impf. *nabrzmiewać*; *wykrzyczeć* „herausschreiben" — *wykrzykiwać*; *wylecieć* „herausfliegen" — *wylatywać, wylatać*; *wyleżeć się* „s. ausruhen" — *wylegiwać się*; *przemilczeć* „verschweigen" — *przemilczać*; *przemyśleć* „durchdenken" — *przemyśliwać, przemyślać*; *przypatrzyć się* „genau betrachten" — *przypatrywać się*; *zapomnieć* „vergessen" — *zapominać*; *przesiedzieć* „lange sitzen"— *przesiadywać*; *spojrzeć* „blicken" — *spozierać* od. *spoglądać*; *obejrzeć* „betrachten" — *oglądać*; *przewidzieć* „vorhersehen" — *przewidywać*.

3. Die Verben auf *-nąć* (I. Kl.) ersetzen diese Endung durch *-ać* (III. Kl.), z. B. impf. *ciągnąć* „ziehen", pf. *wyciągnąć* „herausziehen" — impf. *wyciągać*; *wybuchnąć* „explodieren" — *wybuchać*; *rozkwitnąć* „aufblühen" — *rozkwitać*; *przysięgnąć* „schwören" — *przysięgać*.

Es gibt jedoch eine Menge Ausnahmen: z. B. *przeminąć* „vorübergehen" — *przemijać*; *zamknąć* „schließen" — *zamykać*;

odepchnąć „zurückstoßen" — *odpychać*; *wpłynąć* „Einfluß haben" — *wpływać*; *przerznąć* „durchschneiden" — *przerzynać*; *odsunąć* „wegschieben" — *odsuwać*; *zasnąć* „einschlafen" — *zasypiać*; *odetchnąć* „atmen" — *oddychać*.

Die Verben auf -*ąć* (I. Kl., § 39, 1, Gruppe B, 2) ersetzen dieses ebenfalls durch -*ać*. Außerdem wird aber noch der Verbalstamm verändert, z. B. pf. *nadąć* „aufblasen" — (impf.) *nadymać*; *wyżąć* „ausdrücken" — *wyżymać*; *przekląć* „verfluchen" — *przeklinać*; *odciąć* „abhauen" — *odcinać*; *wygiąć* „biegen" — *wyginać*; *zapiąć*— *zapinać*; *zżąć* „abmähen" — *zżynać*; *zacząć* „beginnen" — *zaczynać*; *odpocząć* „ausruhen" — *odpoczywać*. Die impf. Komposita von *jąć* haben -*ować* (I. Kl.), *zająć* „einnehmen" — *zajmować*; *objąć* „umfassen" — *obejmować*.

4. Die einsilbigen Verben auf -*ić* (I. Kl., § 39, 1 Gruppe A, 3) fügen -*jać* (III. Kl.) an, z. B. impf. *bić* „schlagen", pf. *zabić* „erschlagen" — impf. *zabijać*; *uwić* „winden" — *uwijać* *upić się* „s. betrinken" — *upijać się*.

Die einsilbigen Verben auf -*yć* und -*uć* (I. Kl. § 39, 1 Gruppe A, 3) fügen -*wać* (III. Kl.) an, i. ıpf. *myć* „waschen", pf. *zmyć* „abwaschen" — impf. *zmywać* (*zmywam, zmywasz* usw.); *przeżyć* „überleben"— *przeżywać*; *zatruć* „vergiften"— *zatruwać*; *wypluć* „ausspucken" — *wypluwać*. Hierzu gehören auch die Komposita von *być* (§ 41), z. B. pf. *przybyć* „ankommen" (*przybędę, przybędziesz*) — impf. *przybywać* (*przybywam, przybywasz*); *zdobyć* „erobern" — *zdobywać*.

5. Die übrigen Gruppen der I. Klasse und die Verben nach § 40 haben abweichende Formen.

a) Die Verben vom Typ *lać* (*leję, lejesz*) „gießen", s. § 39, 1 Gruppe A, 4 haben -*ewać* (III. Kl.), z. B. pf. *dolać* „hinzugießen"— impf. *dolewać* (*dolewam, dolewasz*); *nadziać* „füllen" — *nadziewać*; *ogrzać* „erwärmen" — *ogrzewać*; *wysiać* „aussäen" — *wysiewać*; *wyśmiać* „auslachen" — *wyśmiewać*; *zwiać* „weglaufen" — *zwiewać*.

b) Die Verben vom Typ *mdleć* (*mdleję, mdlejesz*) „ohnmächtig werden", § 39, 1 Gruppe A, 6, haben ebenfalls -*ewać* (III. Kl.). Nur wenige Verben dieser Gruppe bilden jedoch derartige Formen, z. B. pf. *omdleć* „ohnmächtig werden" — impf. *omdlewać*; *zachcieć się* (unpers.) „Lust haben" — *zachciewać się*, *zachciewa mi się* „ich habe Lust".

c) Die Verben vom Typ *brać* (*biorę, bierzesz*) „nehmen" und *drzeć* (*drę, drzesz*) „reißen, s. § 39, 1 Gruppe B, 3 fügen *-ać* (III. Kl.) an einen erweiterten Verbalstamm an z. B. pf. *zebrać* „sammeln"— impf. *zbierać* (*zbieram, zbierasz*), *zabrać* „mitnehmen" — *zabierać*; *przeprać* „durchwaschen" — *przepierać*; *nazwać* „nennen" — *nazywać*; *rozerwać* „zerreißen" — *rozrywać*; *wyssać* „aussaugen"— *wysysać*; *wysłać* „auspolstern" — *wyścielać*; *rozedrzeć* „zerreißen" — *rozdzierać*; *wymrzeć* „aussterben" — *wymierać*; *odeprzeć* „zurückdrängen" — *odpierać*; *wytrzeć* „abwischen" — *wycierać*; *zawrzeć* „schließen" — *zawierać*; *pożreć* „fressen" — *pożerać*; *wymleć* „ausmahlen" — *wymielać*; *wypleć* „ausjäten" — *wypielać*.

d) Die Verben auf *-ść*, Typ *wieść* (*wiodę, wiedziesz*) „führen" s. § 39, 1 Gruppe B, 4 bilden die Imperfektiva meistens auf *-ać* (III. Kl.), teilweise auch auf *-ić* (II. Kl.) Außerdem begegnen Veränderungen im Verbalstamm, z. B. pf. *rozwieść się* „s. scheiden lassen" — impf. *rozwodzić się* (*rozwodzę się, rozwodzisz się*); *siąść* „s. setzen" — *siadać*; *przyjechać* „ankommen" — *przyjeżdżać*; *wkraść się* „s. einschleichen" — *wkradać się*; *paść* „fallen" — *padać*; *spleść* „zus. flechten" — *splatać*; *ugnieść* „drücken" — *ugniatać*; *zamieść* „fegen" — *zamiatać*; *przynieść* „bringen" — *przynosić*; *wypaść* „mästen" — *wypasać*; *otrząść* „abschütteln"— *otrząsać*; *przywieźć* „importieren" — *przywozić*; *odgryźć* „abbeißen" — *odgryzać*; *przeleźć* „hinüberklettern" — *przełazić*.

e) Die Verben auf *-c*, Typ *móc* (*mogę, możesz*) „können", s. § 39, 1 Gruppe B, 5 u. *biec* (*biegnę, biegniesz*) „laufen", s. § 39, 1 Gruppe B, 1, fügen *-ać* (III. Kl.) an. Der Verbalstamm lautet auf *g* bzw. *k* aus, z. B. pf. *pomóc* „helfen" — impf. *pomagać* (*pomagam, pomagasz*); *przestrzec* „warnen, befolgen" — *przestrzegać*; *ostrzyc* „beschneiden" — *ostrzygać*; *wypiec* „ausbacken" — *wypiekać*; *odsiec* „abhauen" — *odsiekać*; *uciec* „fliehen" — *uciekać*; *roztłuc* „zerschlagen" — *roztłukać*; *oblec* „bekleiden" — *oblekać*; *zapobiec* „verhüten" — *zapobiegać*; *ulec* „unterliegen" — *ulegać*; *wyląc* „ausbrüten" — *wylęgać*; *zaprząc* „anspannen" — *zaprzęgać*; *przysiąc* „schwören" — *przysięgać*; *zrzec się* „verzichten" — *zrzekać się*; *wściec się* „in Wut geraten" — *wściekać się*.

f) Die Verben vom Typ umiem, umiesz, s. § 40, bilden die Imperfektiva auf *-(w)ać* (III. Kl.). Außerdem wird der Verbalstamm verändert, z. B. pf. *zdumieć* „in Erstaunen setzen" — impf. *zdumiewać* (*zdumiewam, zdumiewasz*); *porozumieć się* „übereinkommen"— *porozumiewać się*; *opowiedzieć* „erzählen" — *opowiadać*; jedoch *dowiedzieć się* „erfahren" — *dowiadywać się* (*dowiaduję się usw.*); *zjeść* „aufessen" — *zjadać*.

6. Einige pf. Verben bilden die impf. Entsprechung mit Hilfe eines anderen Verbs, z. B. pf. *wziąć* „nehmen" — impf. *brać*; pf. *położyć* „legen" — impf. *kłaść*; pf. *znaleźć* — impf. *znajdować*; pf. *zobaczyć, ujrzeć* „sehen" — impf. *widzieć*. Bei Zusammensetzungen dient teils das impf., teils das pf. Verb als Grundlage, pf. *wybrać* „wählen" — impf. *wybierać*; *ułożyć* „anordnen, abfassen" — *układać*; *wynaleźć* „erfinden" — *wynajdować, wynajdywać*; *obejrzeć* „betrachten" — *oglądać*.

§ 61. Konkrete und abstrakte Verben

Der Satz „Hans geht zur Schule" kann zweierlei bedeuten 1. (konkret) „Hans ist auf dem Wege zur Schule". 2. (abstrakt) „Hans besucht die Schule". Im Polnischen werden gewöhnlich, wie im Deutschen, beide Bedeutungsnuancen durch ein und dasselbe Verb wiedergegeben. Einige einfache impf. poln. Verben haben jedoch verschiedene Formen je nachdem, ob sie in konkreter oder abstrakter Bedeutung gebraucht werden. Im vorliegenden Falle heißt es 1. (konkret) „*Janek idzie do szkoły*". 2. (abstrakt) „*Janek chodzi do szkoły*". In ähnlicher Weise werden nachfolgende Verben unterschieden. (Die Konkreta gehören zur I., die Abstrakta zur II. Klasse): konkret *iść* — abstrakt *chodzić* „gehen"; *jechać* — *jeździć* „fahren"; *leźć* — *łazić* „kriechen, klettern"; *nieść* — *nosić* „tragen"; *wlec* — *włóczyć* „schleppen, ziehen"; *wieść* — *wodzić* „führen"; *wieźć* — *wozić* „fahren".

Beispiele: *O co chodzi?* „Um was geht es (handelt es sich)?"; *on umie jeździć na nartach* „er kann Ski fahren"; *nieść paczkę pod pachą* „ein Paket unter dem Arm tragen" jedoch *nosić odświętne ubranie* „Feiertagskleidung tragen (anhaben)"; *nosić się z zamiarem* „sich mit der Absicht tragen" u. a.

Die Komposita dieser Verben verlieren jedoch den Unterschied zwischen konkret und abstrakt und unterscheiden wie üblich nur zwischen perfektivem und imperfektivem Aspekt. Die pf. Formen werden von den Konkreta, die impf. Formen von den Abstrakta gebildet. (*Jeździć* u. *włóczyć* werden durch andere Verbalstämme ersetzt). Z. B. pf. *odejść* „weggehen" — impf. *odchodzić*; *wyjechać* „wegfahren" — *wyjeżdżać*; *prze-*

leźć „hinüberklettern“ — *przełazić*; *przynieść* „bringen“ — *przynosić*; *zwlec* „hinziehen, verzögern“ — *zwlekać*; *uwieść* „verführen“ — *uwodzić*; *wywieźć* „exportieren“ — *wywozić*.

§ 62. Iterative Verben
(Czasowniki wielokrotne)

Einige einfache impf. Verben haben iterative Nebenformen, die ausdrücken, daß die Tätigkeit aus sich wiederholenden oder gewohnheitsmäßigen Handlungen besteht. Oft sind es Verben der Bewegung. Die Iterativa haben meistens die Endung *-ywać* (I. Kl.) oder *-ać* (III. Kl.).

bić „schlagen“ — iterativ *bijać* (*bijam, bijasz*); *biec* (*biegnąć*) „laufen“ — *biegać*; *brnąć* „waten“ — *brodzić*; *być* „sein“ — *bywać* (*bywam, bywasz*); *czytać* „lesen“ — *czytywać* (*czytuję, czytujesz*); *grać* „spielen“ — *grywać* (*grywam, grywasz*); *iść* „gehen“ — *chodzić*; *jechać* „fahren“ — *jeździć*; *jeść* „essen“ — *jadać*; *kroić* „schneiden“ — *krajać* (*kraję, krajesz*); *lecieć* „fliegen“ — *latać*; *leźć* „kriechen, klettern“ — *łazić*; *leżeć* „liegen“ — *legiwać*; *mieć* „haben“ — *miewać*; *mieść* „fegen, schleudern“ — *miotać*; *moczyć* „naß machen“ — *maczać*; *mówić* „sprechen“ — *mawiać*; *nieść* „tragen“ — *nosić*; *paść* „weiden“ — *pasać*; *pić* „trinken“ — *pijać*; *pisać* „schreiben“ — *pisywać*; *płonąć* „brennen“ — *pałać*; *płynąć* „schwimmen“ — *pływać* (*pływam, pływasz*); *sadzić* „setzen, pflanzen“ — *sadzać*; *siedzieć* „sitzen“ — *siadywać* (*siaduję, siadujesz*); *służyć* „dienen“ — *sługiwać* (*sługuję, sługujesz*); *spać* „schlafen“ — *sypiać*; *sunąć* „schieben, rücken“ — *suwać*; *toczyć* „rollen“ — *taczać*; *widzieć* „sehen“ — *widywać* (*widuję, widujesz*); *wieść* „führen“ — *wodzić*; *wieźć* „fahren“ — *wozić*; *wlec* „ziehen“ — *włóczyć*.

Sowohl *czytać* als auch *czytywać* sind imperfektiv. Der Unterschied besteht jedoch in der Art u. Weise der Ausführung der Verbalhandlung, *czytam gazetę* bedeutet: „ich lese (jetzt) Zeitung“ dagegen: *czytuję regularnie gazetę* „ich lese regelmäßig Zeitung; *widzę swojego przyjaciela na ulicy* „ich sehe (jetzt) meinen Freund auf der Straße“, *widuję się co tydzień z moim przyjacielem* „ich sehe mich (treffe mich) wöchentlich mit meinem Freund“. Jedoch werden diese Unterschiede nicht immer streng beachtet. Bei den Komposita beinhaltet der impf. Aspekt auch den Iterativ, *przepisuję* „ich verschreibe“ (jetzt, regelmäßig, immer wieder).

Der Iterativ gehört zur Kategorie der Aktionsarten, drückt also die Art u. Weise aus, in welcher die Handlung des Verbs von-

statten geht. Da hier der zeitliche Verlauf eine untergeordnete
Rolle spielt, ist die Aktionsart vom Aspekt zu unterscheiden. Die
Aktionsarten besitzen eine Vielzahl von Ausdrucksmöglichkeiten,
für die im Deutschen oft keine genauen Entsprechungen vorhanden
sind. Das Problem kann hier nur angedeutet werden.

Zu jedem der beiden Aspekte können mehrere Aktionsarten
gehören, die meistens durch die Vorsilben, manchmal auch durch
Bildungselemente innerhalb des Verbs, kenntlich gemacht werden.
Die Aktionsart kann z. B. sein 1. durativ, wenn die Gesamtphase
der Tätigkeit hervorgehoben wird, (pf. u. impf.) *urobić, urabiać*
„bilden, bearbeiten"; *ugasić, ugaszać* „auslöschen"; *utracić, utracać*
„verlieren". 2. resultativ, wenn das Resultat hervorgehoben wird
(nur pf.) *zgasić* „auslöschen", *zrobić* „machen", *stracić* „verlieren".
3. momentan, wenn die Tätigkeit nur einen Augenblick währt
(nur pf.) *krzyknąć* „aufschreien", *pęknąć* „platzen". 4. inchoativ,
wenn das Anfangsstadium hervorgehoben wird (nur pf.) *zabłysnąć*
„aufblitzen", *rozpłakać się* „losweinen", *zajaśnieć* „hell werden".
5. augmentativ, wenn der Grad der Tätigkeit zunimmt (pf. u.
impf.) *rozpalić, rozpalać* „entzünden"; *rozbudzić, rozbudzać* „er-
wecken"; *wzrosnąć, wzrastać* „anwachsen" u. ä.

VIII. Kapitel. Syntax
(Składnia)

§ 63. Gebrauch der Kasus
(Przypadki)
I. Nominativ (Mianownik)

Der Nominativ ist der gewöhnliche Subjektskasus, *dziecko*
śpi „das Kind schläft".

1. Beim Prädikat steht das Prädikatsnomen (Substantiv
bzw. Adjektiv) im Nom. oder Instr. Ist das Prädikatsnomen
ein Adjektiv, so steht es im Nom., *ten człowiek jest mocny*
„dieser Mensch ist stark"; *siostra jest pilna* „die Schwester ist
fleißig".

Nach den Verben *stawać się* „werden", *robić się, czynić się* „sich
machen, gemacht werden", *nazywać się* „genannt werden", *zdawać*
się „scheinen" steht das Adjektiv im Nom. od. Instr., *dlaczego*

robisz się taki ważny od. *takim ważnym?* „warum machst du dich
so wichtig?"; *ta ulica nazywa się Marszałkowska* od. *Marszałkowską*
„diese Straße heißt Marszałkowska-Straße". Ebenso beim Hilfsverb *być* „sein", wenn dieses im Infinitiv steht, *mógłbyś być
uprzejmiejszy* od. *uprzejmiejszym* „du könntest höflicher sein".

In unpersönlichen Sätzen steht das Adjektiv immer im Instr.,
nie zawsze jest się usposobionym do żartów „nicht immer ist man zu
Scherzen aufgelegt".

Ist das Prädikatsnomen ein Substantiv, so steht es im
Instr. s. § 63, V, 4.

In folgenden Fällen steht jedoch der Nom., a) wenn das Subjekt
to ist, *był to wielki wódz* „das war ein großer Führer"; *wiedza to
potęga* „Wissen ist Macht". b) in Verbindung mit Personennamen,
nazywam się Jan Kowalski „ich heiße Jan K.". c) in der lebhaften,
ungezwungenen Rede, *jestem Polak* „ich bin Pole"; *on jest stary
człowiek* „er ist ein alter Mann". Die Beispiele unter c) können
jedoch auch im Instr. stehen.

2. Der Vokativ wird in der Umgangssprache oft durch den
Nom. ersetzt. Dies geschieht besonders häufig bei Vornamen,
Marek, chodź no „Marek, komm mal her". Der Familienname
steht bei der Anrede ebenfalls im Nom., *panie Wójcik* „Herr
Wójcik". Gebraucht man aber *panie + Vorname*, so steht
auch letzterer im Vok., *panie Jurku* „Herr Jurek (Georg)".

II. Genitiv (Dopełniacz)

Der Genitiv wird häufiger als im Deutschen gebraucht.
Besonders zu merken sind folgende Fälle.

1. der qualitative Genitiv. Bei ihm wird immer ein Attribut hinzugefügt, *człowiek średniego wzrostu* „ein Mensch von
mittelgroßem Wuchs", *mąż wielkiego umysłu* „ein Mann von
(großem) Geist". Hierher auch die Bezeichnungen bei Institutionen, Fabriken mit *imienia* „des Namens", *Uniwersytet
im. (ienia) Mickiewicza* „Mickiewicz-Universität (in Posen),
huta im. Lenina „Lenin-Hüttenkombinat" (Nowa Huta bei
Krakau).

2. Gen. der Zeit, *pewnego dnia* „eines Tages", *dziesiątego
maja* „am 10. Mai", *br. (bieżącego roku)* „im laufenden Jahr",
ub. r. (ubiegłego roku) „im vergangenen Jahr".

3. negativer Gen. Beim verneinten Verb steht das Objekt im Gen., *nie mam czasu, książki* „ich habe keine Zeit, kein Buch" (*mam czas, książkę* „ich habe Zeit, ein Buch"). Dies ist auch dann der Fall, wenn ein nicht verneinter Infinitiv von einem verneinten Verb abhängt, *nie zamierzam sprzedać domu* „ich habe nicht die Absicht, das Haus zu verkaufen", *nie mogłem wykonać tej pracy* „ich konnte diese Arbeit nicht ausführen".

Der Gen. steht an Stelle des Nom. bei der Negation von „Vorhandensein", *chleba nie ma, nie było, nie będzie* „Brot gibt, gab, wird es nicht geben", (dagegen: *chleb jest, był, będzie*).

4. partitiver Gen. Er steht nach Ausdrücken, die eine Quantität bezeichnen, *kilo masła* „ein Kilo Butter", *metr długości* „ein Meter lang", *dużo pracy* „viel Arbeit, *kilka samochodów* u. a. Hierzu gehören auch die Zahlwörter ab 5, z. B. *pięć godzin* „fünf Stunden".

Einige Verben wie *brać* „nehmen", *dostać* „bekommen", *dać* „geben", *kupić* „kaufen", *sprzedać* „verkaufen" haben den Gen. od. Akk. nach sich, je nachdem sie sich auf einen Teil oder auf das ganze Subjekt beziehen, *dać chleba* „(etwas, ein Stück) Brot geben", *dać chleb* „(ein ganzes) Brot geben", *dostać pieniędzy* „Geld bekommen", *dostać list* „einen Brief bekommen". Im Sprachgebrauch haben sich einige feste Regeln gebildet, nach denen bei der Verbindung bestimmter Verba u. mask. Nomina der Akk. durch den Gen. ersetzt wird. Der Gen. steht:

a) bei Tänzen: *tańczyć, grać* „tanzen, spielen" *fokstrota, mazura, krakowiaka, twista, marsza* „Foxtrot, Mazurka, Krakowiak, Twist, Marsch".

b) bei Spielen: *grać* „spielen" *w bridża, w tenisa, w palanta* „Bridge, Tennis, Schlagball".

c) bei Geldeinheiten: *dać, wydać, zapłacić, dostać, zgubić* „geben, ausgeben, bezahlen, bekommen, verlieren" *dolara, rubla, złotego* „einen Dollar, Rubel, Złoty".

d) bei Früchten u. Pilzen: *kupić, znaleźć, zjeść* „kaufen, finden, essen" *ananasa, borowika, grejpfruta, maślaka, melona, orzecha* „Ananas, Steinpilz, Grapefruit, Butterpilz, Melone, Nuß".

e) bei Firmenbezeichnungen: *mieć, kupić, sprzedać, widzieć* „haben, kaufen, verkaufen, sehen"; *continentala, remingtona, forda, sporta, wawela* „Continental-Schreibmaschine, Remington-Rasierapparat, Ford-Auto, Sport-Zigarette, Wawel-Zigarette".

Ferner gibt es manche feststehende Redensarten mit dem Gen., z. B. *dać drapaka* „Reißaus nehmen", *dać, dostać kosza* „einen Korb geben, bekommen", *mieć boja, stracha* „Angst haben", *mieć bzika, fioła* „nicht ganz richtig im Kopf sein", *mieć pecha* „Pech haben", *palić papierosa* „eine Zigarette rauchen", *spłatać figla* „einen Streich spielen" u. a.

5. Der Gen. steht nach Adjektiven wie, *bliski* „nahe", *godzien* „würdig, wert", *pełen* „voll", *świadom* „bewußt", *wart* „wert", z. B. *pełen nadziei* „voller Hoffnung", *rzeczy godne widzenia* „Sehenswürdigkeiten", *nie warte zachodu* „nicht der Mühe wert".

Nach Verben, die das Wünschen, Begehren, Verlangen, Genießen, Kosten, Hören ausdrücken.

z. B. *chcieć* „wollen", *domagać się* „fordern", *kosztować* „kosten, probieren, *pragnąć* „begehren", *potrzebować* „brauchen", *słuchać* „(zu)hören, horchen", *spodziewac się* „hoffen", *szukać* „suchen", *używać* „gebrauchen, genießen", *wymagać* „fordern", *życzyć* „wünschen"; *domagam się sprawiedliwości* „ich fordere Gerechtigkeit", *potrzebuję długopisu* „ich brauche einen Kugelschreiber", *słucham muzyki* „ich höre Musik".

Nach Verben, die etwas Negatives, ein Vermeiden, Abwehr, Fürchten, Verfehlen u. ä. ausdrücken,

z. B. *bać się* „sich fürchten", *brakować* „ermangeln", *bronić* „verteidigen", *chybiać* „verfehlen", *nienawidzić* „hassen", *pilnować* „aufpassen", *pozbywać się* „sich losmachen von etw." *unikać* „vermeiden", *wyrzekać się* „verzichten", *zaprzestać* „einstellen, aufhören", *skąpić* „geizen", *zakazać* „verbieten" *zaprzeczać* „verneinen"; *unikam jego towarzystwa* „ich meide seine Gesellschaft", *brakuje sił roboczych* „es fehlt an Arbeitskräften", *zakazano sprzedaży alkoholu w dni wypłat* „der Alkoholverkauf an den Zahltagen ist verboten worden".

Nach den meisten mit *do-* zusammengesetzten Verben sowie nach den Verben mit *na-*, die ein Übermaß der Tätigkeit ausdrücken,

z. B. *dotrzymać słowa* „Wort halten", *dobiegać celu* „das Ziel erreichen", *doznać zawodu* „Enttäuschung erfahren"; *napędzić*

strachu „Schreck einjagen", *najadać się ciastka* „sich an Kuchen
sattessen", etwas abweichend *napić się (wódki, piwa)* „einen
trinken" (Schnaps, Bier).

6. Der Gen. steht bei gewissen Ausrufen, z. B. *gwałtu!*
pomocy! „zu Hilfe", *ognia!* „Feuer", *wody!* „Wasser".
Zum Ersatz des Akk. durch den Gen. bei Lebewesen
s. § 63, IV.

III. Dativ (Celownik)

Der Dativ steht nach Verben, die ein freundliches oder
feindliches Verhalten ausdrücken.

z. B. *bluźnić* „lästern", *dokuczać* „ärgern", *kłaniać się* „grüßen",
oszczędzać „ersparen", *przebaczać* „verzeihen", *przepuszczać* „durchgehen lassen", *przerwać* „unterbrechen", *przeszkadzać* „stören",
przyganiać „tadeln", *towarzyszyć* „begleiten", *ubliżać* „beleidigen",
ulżyć „erleichtern", *zaprzeczać* „ableugnen, verneinen", *zawadzać*
„hindern", *zazdrościć* „beneiden"; *dzieci kłaniają się nauczycielowi*
„die Kinder grüßen den Lehrer", *oszczędza mu kłopotów* „er erspart
ihm Schwierigkeiten", *niech pan (pani) sobie nie przeszkadza*
„lassen Sie sich nicht stören", *zaprzecza temu stanowczo* „er leugnet
es entschieden", *zazdrości mu powodzenia* „er beneidet ihn um den
Erfolg".

Der Dativ steht bei Verben der verstärkten sinnlichen
Wahrnehmung, *przypatrywać się* „genau betrachten", *przy-*
słuchiwać się „genau hinhören", *przypatruje się jej z rozkoszą*
„er betrachtet sie mit Wonne".

Häufig ist der Dativ bei den gern gebrauchten unpersönlichen Konstruktionen, z. B. *żal mi* + Gen. „es tut mir leid
um", *chce mi się spać, pić* „ich möchte schlafen, trinken", *robi*
mi się smutno „ich werde traurig", *zdaje (wydaje) mi się* „es
scheint mir", *jemu na imię* „er heißt", *trzeba mu* „er muß".

Umgangssprachlich wird der Dat. der Personalpronomina,
mi, ci, sobie, in stark gefühlsbetonten Sätzen verwandt (Dati-
vus ethicus). Z. B. *a to ci heca* „aber das ist (dir) ein Spaß",
już poszedł sobie „er ist schon losgegangen", *abyś mi się nie*
zaziębiła „daß du mir dich nicht erkältest".

Ferner bei Zeitangaben, *trzy lata temu* „vor drei Jahren",
czemu „warum".

IV. Akkusativ (Biernik)

Der Akk. ist der gewöhnliche Objektskasus. Beim verneinten Verb. wird er durch den Gen. ersetzt, s. § 63, II, 3.

Der Akk. steht abweichend vom Deutschen nach Verben wie

z. B. *mijać* „vorübergehen, meiden", *pamiętać, przypominać sobie* „sich erinnern" *uprzedzać* „zuvorkommen", *wymijać* „ausweichen"; *pamiętam dawne czasy* „ich erinnere mich an alte Zeiten", *uprzedzać fakty* „den Tatsachen vorgreifen".

Ferner bei Verben, die nur in der 3. Pers. gebraucht werden und einen körperlichen od. seelischen Zustand bezeichnen,

z. B. *matkę boli głowa* „der Mutter tut der Kopf weh", *swędzi ją ręka* „es juckt ihr die Hand", *mierzi ją fałsz* „die Falschheit ekelt sie an". Werden diese Ausdrücke verneint, so bleibt trotzdem der Akk. erhalten, *matkę nie boli głowa*.

Ferner das unveränderl. *stać* in der Redewendung *na to go nie stać* „das kann er sich nicht leisten".

Der Akk. des Maßes bezeichnet die räumliche u. zeitliche Ausdehnung, *jechać milę* „eine Meile fahren", *pracować cały dzień* „den ganzen Tag arbeiten", *trwało to tylko chwilę* „das dauerte nur einen Augenblick".

Der Akkusativ hat die Form des Genitivs. Im Sg. bei allen Lebewesen männlichen Geschlechts, s. § 6, 5, im Pl. nur bei männlichen Personen, s. § 7, 4. Sg. *widzę chłopca, konia* „ich sehe den Jungen, das Pferd"; Pl. *widzę chłopców* „ich sehe die Jungen", jedoch *widzę konie* „ich sehe die Pferde".

V. Instrumental (Narzędnik)

Beim Instrumental sind folgende Anwendungsarten zu berücksichtigen.

1. Instrumental des Mittels od. Werkzeugs, mit Hilfe dessen etwas geschieht, *pracować ręką* „mit der Hand arbeiten", *pisać długopisem* „mit dem Kugelschreiber schreiben", *osiągnąć przymusem* „durch Zwang erreichen".

Hierhin gehört auch der Instr. des Grundes od. der Ursache, *ludzie giną pijaństwem* „die Menschen gehen an der Trunksucht zu Grunde", *swoim czynem uratował przyjaciela* „durch seine Tat rettete er den Freund".

In Konstruktionen mit dem Reflexiv od. Passiv steht an Stelle des Instr. des Grundes der Instr. des Urhebers, *przyjaciel został uratowany jego czynem* „der Freund wurde durch seine Tat gerettet", *Warszawa została odbudowana wspólnym wysiłkiem całego narodu polskiego* „Warschau wurde durch die gemeinsame Anstrengung des ganzen poln. Volkes wiederaufgebaut". Ist der Urheber jedoch ein Lebewesen, so steht an Stelle des Instr. *przez* + Akk., *Warszawa została odbudowana przez mieszkańców* „Warschau wurde durch die Einwohner wiederaufgebaut", s. auch § 56.

Schließlich bezeichnet der Instr. die Art u. Weise, *wino płynęło strumieniami* „der Wein floß in Strömen", *mówić szeptem* „flüsternd sprechen", *iść piechotą* „zu Fuß gehen".

2. Der Instr. des Ortes u. der Zeit bezeichnet einen räumlichen oder zeitlichen Abschnitt, in dem etwas geschieht, *iść ulicą* „auf der Straße entlanggehen", *idzie żołnierz borem, lasem* „der Soldat zieht durch Wald und Flur" (poln. Volkslied), *wieczorem padał deszcz* „abends fiel der Regen", *pracowałem dniami i nocami* „ich arbeitete Tag und Nacht", *latem* „im Sommer".

Der distributive Instr. bezeichnet einen Raum- oder Zeitabschnitt, in welchem eine Tätigkeit nur teilweise ausgeführt wird, *śnieg leżał miejscami* „stellenweise lag Schnee", *czasami zrywał się silny wiatr* „manchmal erhob sich ein starker Wind", *wygnańcy błąkali się tłumami po ulicach* „die Vertriebenen irrten schaarenweise auf den Straßen umher".

Hierher gehört auch der Instr. zur Bezeichnung einer Eigenschaft, *starszy latami* „älter an Jahren", *Polak rodem* „ein Pole von Geburt".

3. Der Instr. der Begleitung oder des begleitenden Umstandes steht mit der Präposition *z*, *spotkał się z przyjacielem* „er traf sich mit dem Freund", *Ojciec z synem idą do miasta* „Vater und Sohn gehen in die Stadt", *z oburzeniem mówiła o tym incydencie* „mit Empörung sprach sie von diesem Vorfall", *student siedzi z zapałem nad swoim referatem* „der Student sitzt mit Eifer an seinem Referat".

4. Ist ein Substantiv (bzw. Substantiv + Adjektiv) Prädikatsnomen, so steht es im Instr., *Warszawa jest stolicą Polski*

„Warschau ist die Hauptstadt Polens", *Kraków jest dawną siedzibą królów polskich* „Krakau ist die ehemalige Residenz der poln. Könige". Zum Prädikatsnomen im Nom. s. § 63, I, 1.

5. Verben, die ein Regieren, Leiten, Herrschen ausdrücken, haben den Instr.

z. B. *dowodzić* „anführen", *kierować* „leiten", *opiekować się* „sich um jemd. kümmern", *powodować* „leiten", *rządzić* „regieren", *władać* „(be)herrschen", *zarządzać* „verwalten"; *kieruje samochodem* „er fährt Auto", *siostra opiekuje się młodszym rodzeństwem* „die Schwester kümmert sich um die jüngeren Geschwister, *włada językiem polskim* „er beherrscht das Polnische".

Verben, die ein Hin- und Herbewegen ausdrücken, haben neben dem Akk. auch den Instr.

z. B. *ciskać* „schleudern", *chwiać* „schütteln", *kiwać* „winken, schütteln", *kręcić* „drehen", *machać* „herumfuchteln", *miotać* „schleudern", *powiewać* „schwenken", *rzucić* „werfen", *trząść* „schütteln"; *kręcić nosem* „die Nase rümpfen", *powiewać chustkami* „Tücher schwenken", *rzucić kamieniem* „einen Stein werfen", *trzęsie głową* „er schüttelt den Kopf".

VI. Lokativ (Miejscownik)

Da der Lok. nur in Verbindung mit Präpositionen gebraucht wird, so ist auf die Präpositionen, die den Lokativ regieren, zu verweisen, s. § 65.

Abweichend vom Deutschen steht bei den Verben *położyć* „legen", *postawić* „stellen", *posadzić* „setzen", *usiąść* „sich setzen", *powiesić, zawiesić* „aufhängen" auf die Frage „wohin?" der Lok., *położył książkę na stole* „er legte das Buch auf den Tisch", *usiadła na krześle* „sie setzte sich auf den Stuhl" .

VII. Vokativ (Wołacz)

Der Vokativ findet Anwendung bei der offiziellen Anrede, *obywatelu* „Bürger", *obywatelu kapralu* „Bürger (Herr) Unteroffizier"; daneben bei einigen althergebrachten Wendungen, *panie* „Herr". Der Vok. hält sich auch bei den Verkleinerungs- und Zärtlichkeitsformen der Vornamen, *Józiu* „Sepp", *Edziu* „Eddi", *Olu* „Olgachen". In der Umgangssprache wird er jedoch sonst häufig durch den Nom. ersetzt; *słuchaj, Marek*

„hör', Marek"; kelner, proszę płacić „Kellner, bitte zahlen";
s. auch § 63, I, 2.

§ 64. Präpositionen und Präfixe
(Przyimki i przedrostki)

Man unterscheidet eigentliche und uneigentliche Präpositionen. Letztere sind aus Substantiven, Adjektiven u. Adverbien entstanden. Die Präpositionen regieren einen oder auch
mehrere Kasus. Die Vorsilben (Präfixe) der Verben stimmen
weitgehend mit den Präpositionen überein. Es wird deshalb
auch die Bedeutung der jeweiligen Präposition in ihrer
Funktion als Präfix angegeben.

§ 65. I. Die eigentlichen Präpositionen

bez + Gen. „ohne"; *bez matki* „ohne Mutter", *bez powodu*
„ohne Grund", *beze mnie* „ohne mich".

dla + Gen. „für, wegen", hauptsächlich bei Lebewesen,
ferner zur Bezeichnung eines momentanen Ziels oder Grundes; *kupiła misia dla dziecka* „sie hat einen Teddybär für das
Kind gekauft; *bądź uprzejmy dla niego* „sei höflich zu ihm",
dlań „für ihn", s. § 15, *dla zabawy* „zur Unterhaltung",
dlaczego — dla tego „warum — darum". Die Präp. wird abweichend vom Deutschen unterdrückt in Bezeichnungen für
Institutionen, z. B. *Instytut Badań Literackich* „Institut für
Literaturforschung".

do + Gen. „in, nach, bis", örtlich u. zeitlich; „für", zur
Bezeichnung einer dauerhaften Zweckbestimmung; *do domu*
„nach Hause", *wejść do pokoju* „ins Zimmer hineingehen",
z Berlina do Hamburga „von Berlin nach Hamburg", *do
widzenia* „auf Wiedersehen", *zwrócić się do kogo* „sich an
jmd. wenden", *do jutra* „bis morgen", *do piątej* „bis 5 (Uhr);
szklanka do herbaty „Teeglas", *maszyna do pisania* „Schreib-
maschine" u. ä., wo deutsch. zusammengesetzten Substantiven poln. Konstruktionen mit do entsprechen.

do- als Präfix beim Verb bezeichnet die Vollendung einer
Tätigkeit *dokończyć* „beenden"; die Ergänzung, das Hinzufügen, *dopłacić* „hinzuzahlen", *dorobić* „hinzuverdienen";

das Herankommen, Erreichen, *dojść* „hinkommen, gelangen", *doczekać się* „durch Warten erreichen, erleben".

ku + Dat. „zu, in Richtung auf", *szosa spadająca ku morzu* „eine Chaussee, die zum Meer hin abfällt", *ku południowi* „nach Süden hin", *ku Krakowu* „nach Krakau" (nicht: *ku Krakowowi*), ebenso bei anderen Ortsnamen; auch in übertragener Bedeutung, *ku wiekuistej pamięci* „zum ewigen Angedenken", *zmarł ku wielkiemu żalowi rodziców* „er starb zum großen Kummer seiner Eltern".

między, pomiędzy „zwischen, unter" + Akk. auf die Frage „wohin", + Instr. auf die Frage „wo, wann"; *nie chciał wracać między ludzi* „er wollte nicht unter die Leute zurückkehren", *jesteśmy między sobą* „wir sind unter uns", *m.in.* (*między innym*) „u. a.", *między piątą a szóstą* „zwischen 5 und 6 (Uhr)".

mimo, pomimo + Gen. od. Akk. „trotz, ungeachtet"; *mimo wszelkich starań* od. *mimo wszelkie starania nie miał powodzenia* „trotz aller Anstrengungen hatte er keinen Erfolg", *mimo tego* od. *mimo to* „trotzdem"; jedoch nur mit Akk. *mimo wszystko* „trotz allem".

mimo + Gen. „neben, vorbei" (selten), *puścił to mimo uszu* „er hörte nicht darauf".

na „auf, nach" + Akk. auf die Frage „wohin"; *jechać na wieś* „aufs Land fahren", *rzucić nóż na stół* „das Messer auf den Tisch werfen", *na wschód* „nach Osten". Ferner bei Orts- und Gebietsbezeichnungen, die als keine selbständige Einheit angesehen werden, *jechać na Śląsk, Pomorze* „nach Schlesien, Pommerellen fahren", jedoch *jechać do Polski* „nach Polen fahren", auch bei Stadtteilen *na Pragę* „nach Praga" (Vorstadt von Warschau).

„auf, für" in übertragenem Sinn, *na mój wiek* „für mein Alter", *na jego prośbe* „auf seine Bitte", *na pierwszy rzut oka* „auf den ersten Augenblick", *na zawsze* „für immer".

„an", Krankheits- und Todesursache, *zachorować, umrzeć na gruźlicę, zawał serca* „erkranken, sterben an Tuberkulose, Herzinfarkt".

na „auf, in" + Lok. auf die Frage „wo"; *mieszkać na wsi* „auf dem Lande leben", *na wschodzie* „im Osten", *na Śląsku,*

Pomorzu „in Schlesien, Pommerellen", *na Litwie. na Węgrzech*
„in Litauen, in Ungarn", *na Pradze* „in Praga" (Stadtteil von
Warschau), aber *w Pradze* „in Prag" (Tschechei), *na morzu
i na lądzie* „zu Wasser und zu Land", *na obczyźnie* „in der
Fremde".

na- als Präfix bezeichnet die Intensivierung einer Tätigkeit, *nagadać* „viel reden", *nabrać* „viel von etw. nehmen",
nadać „verleihen", *naprodukować* „viel produzieren"; mit
dem Reflexiv *się* wird das Übermaß einer Tätigkeit ausgedrückt, *napracować się* „sich müde arbeiten", *namęczyć się*
„sich abquälen".

nad, ponad „über" + Akk. auf die Frage „wohin", + Instr.
auf die Frage „wo"; *poszliśmy nad urwisko* „wir gingen an den
Abhang", *nad wejściem znajduje się napis* „über dem Eingang
befindet sich eine Aufschrift", *nade mną* „über mir".

Bei Bezeichnungen für Gewässer entspricht *nad* „an",
wyjedziemy nad morze „wir werden ans Meer fahren", *nie
byłem jeszcze nad morzem* „ich war noch nicht am Meer",
Warszawa leży nad Wisłą „Warschau liegt an der Weichsel",
jedoch *granica na Odrze* „die Grenze an der Oder".

nad + Instr. steht ferner nach den Verben des Nach-
denkens und Beratens, des Bemitleidens sowie des Herr-
schens und Führens, *radzono nad ważną sprawą* „man beriet
über eine wichtige Sache", *zlituj się nad nami* „erbarme dich
unser", *stale przewodził nad nimi* „er kommandierte sie
ständig".

nad- als Präfix bezeichnet die Anfangsphase einer Tätigkeit, *nadgryźć* „anknabbern", *nadłamać* „anbrechen"; bei
Verben der Bewegung das Herankommen, *nadejść* „herankommen", *nadlecieć* „herbeifliegen".

o + Akk. „an, gegen", örtlich; *uderzyć głową o ścianę* „mit
dem Kopf gegen die Wand schlagen"; „um" bei Zahlangaben;
starszy o rok „um ein Jahr älter", *o trzy marki droższe* „um
drei Mark teurer"; „um, wegen" bei Verben des Fragens,
Bittens, Bemühens, der Anklage; *pytać o drogę* „nach dem
Weg fragen", *prosić o informację* „um Auskunft bitten",
walczyć o lepszą przyszłość „um eine bessere Zukunft kämp-

fen", *starać się o posadę* „sich um eine Stellung bemühen",
oskarżyć o kradzież „wegen Diebstahls anklagen".

o + Lok. „um", zeitlich; *o godzinie dziesiątej* „um zehn
Uhr", *o świcie* „bei Tagesanbruch"; „mit" zur Bezeichnung
charakteristischer, ständiger Merkmale von Lebewesen und
Sachen; *dziewczyna o czarnych włosach* „ein Mädchen mit
schwarzen Haaren", *pokój o dwóch oknach* „ein Zimmer mit
zwei Fenstern"; „über, an" bei Verben des Denkens, Redens,
der Mitteilung; *mówić o swoich kłopotach* „über seine Schwierigkeiten reden", *myśleć o czymś innym* „an etwas anderes
denken".

o-, ob- als Präfix bedeutet „von allen Seiten, ringsherum,
ganz und gar", die dtsch. Entsprechung ist oft das Präfix
„be-"; *obchodzić* „herumgehen, begehen", *owinąć* „um-
wickeln", *obrzucić* „bewerfen", *obsadzić* „besetzen", *obdaro-
wać* „beschenken".

od + Gen. „von her", örtlich, meistens bei Personen und
äußerer Ursache, „seit", zeitlich; *dostał to od ojca* „er bekam
das vom Vater", *głowa boli od hałasu* „der Kopf schmerzt
vom Lärm", *od trzech dni* „seit drei Tagen", *od początku* „von
Anfang an", *młodszy ode mnie* „jünger als ich".

od- als Präfix bezeichnet die Trennung, Entfernung, die
Absage; *odłączyć* „abtrennen", *odejść* „weggehen", *odmówić*
„absagen"; ferner die Wiederherstellung; *odnowić* „erneuern"
odbudować „wiederaufbauen".

po + Akk. „bis an", örtlich u. zeitlich; *stał po kolana w
wodzie* „er stand bis an die Knie im Wasser", *po dziś dzień*
„bis auf den heutigen Tag"; „um, nach", bei Verben der
Bewegung; *iść po mleko* „nach Milch gehen", *posłać po dok-
tora* „den Arzt holen", *po co* „wozu"; *po* bei Zahlbegriffen
s. § 34.

po + Lok. „nach", zeitlich; *po wojnie* „nach dem Krieg",
po południu „nachmittags"; *po kolei* „der Reihe nach", *już
po wszystkim* „alles ist aus"; „in-herum, auf", örtlich;
chodzić po pokoju „im Zimmer herumgehen", *błądzić po lesie*
„im Wald herumirren", *chodzić po jezdni* „auf der Fahrbahn
gehen", *po prawej, lewej stronie* „auf der rechten, linken
Seite".

po- als Präfix bezeichnet bei pf. Verben oft eine unbe-
stimmte Zeitdauer, dtsch. „etwas, eine Zeit lang"; *posiedzieć*
„etwas, eine Zeit lang sitzen", *pogawędzić* „etwas plaudern",
poczekać „etwas warten", *popłakać* „etwas weinen"; bei impf.
Verben bezeichnet es eine sich wiederholende oder mit Unter-
brechung vollziehende Tätigkeit; *popłakiwać* „hin und wieder,
immer wieder weinen", *pogwizdywać* „immer wieder vor sich
hinpfeifen".

pod + Akk. „unter", örtlich, auf die Frage „wohin";
wsunąć walizkę pod łóżko „den Koffer unter das Bett schieben", zeitlich „gegen"; *pod wieczór* „gegen Abend", *pod
koniec następnego tygodnia* „gegen Ende der nächsten Woche";
„zu, gegen, hin" bei Verben der Bewegung; *płynąć pod prąd*
„gegen den Strom schwimmen", *iść pod górę* „bergan steigen"

pod + Instr. „unter", örtlich, auf die Frage „wo"; *walizka
leży pod łóżkiem* „der Koffer liegt unter dem Bett", *pode
mną* „unter mir"; „bei" mit Ortsbezeichnungen; *pod Warszawą* „bei Warschau", *bitwa pod Grunwaldem* „die Schlacht
bei Tannenberg"; „unter" in übertragenem Sinne *pod wa-
runkiem, grozą, karą* „unter der Bedingung, Drohung, Strafe".

pod- als Präfix bezeichnet bei den Verben der Bewegung
das Herankommen; *podejść* „herangehen", *podjechać* „heran-
fahren"; oft bezeichnet es die Richtung von unten nach oben,
dtsch. „auf-"; *podchwycić* „aufgreifen", *podjąć* „aufheben",
podkasać „aufkrempeln"; in anderen Fällen entspricht es
dtsch. „unter-" *podpisać* „unterschreiben", *podlegać* „unterliegen", *podkreślić* „unterstreichen".

przed + Akk. „vor", örtlich, auf die Frage „wohin"; *tram-
waj zajeżdża przed dworzec* „die Straßenbahn fährt vor den
Bahnhof", *iść przed siebie* „vor sich hingehen".

przed + Instr. „vor", örtlich, auf die Frage „wo"; *przed
dworcem panuje ożywiony ruch* „vor dem Bahnhof herrscht
lebhafter Verkehr", *przede mną* „vor mir"; zeitlich „vor";
przed wojną „vor dem Krieg", *przed południem* „vormittags";
przede wszystkim „vor allem".

przed- als Präfix bezeichnet etwas, was zeitlich oder örtlich
vorausgeht; *przedstawić* „vorstellen", *przedpłacić* „voraus-
zahlen".

przez + Akk. „durch, über", örtlich; *przejść przez ulicę*
„über die Straße gehen", *pociąg jedzie przez tunel, przez most*
„der Zug fährt durch den Tunnel, über die Brücke"; zeitlich
„(hin) durch, während", *przez całą noc* „die ganze Nacht hin-
durch", *przez lato* „einen Sommer lang"; übertragen „durch,
mit Hilfe von", Art u. Weise; *rozstrzygnąć sprawę przez głoso-
wanie* „die Angelegenheit durch Abstimmung entscheiden",
przeze mnie „durch mich". Beim Passiv entspricht *przez* dem
dtsch. „von", s. § 56, *jest lubiany przez wszystkich* „er wird
von allen geliebt". *Przez* „aus" zur Bezeichnung des Grundes;
przez litość, grzeczność „aus Mitleid, Höflichkeit".

poprzez „durch" anstatt *przez* kann angewandt werden,
wenn die Tätigkeit lang andauert oder mit Schwierigkeiten
verbunden ist, *wędrował poprzez góry i lasy* „er wanderte
durch Berg und Wald"; oder wenn *poprzez* „durch, mit Hilfe
von" bedeutet, *pisarz przemawia poprzez swoje dzieła* „der
Schriftsteller spricht durch seine Werke".

przy + Lok. „bei, an", örtlich u. zeitlich; *przy rynku* „am
Markt", *przy stole* „bei Tisch", *mieć przy sobie* „bei sich
haben", *mieszkać przy ulicy Marszałkowskiej* „in der Marschał-
kowska-Straße wohnen"; *przy niedzieli* „am Sonntag" (volks-
tüml.); übertragen, *przy życiu* „am Leben".

przy- als Präfix bezeichnet die Annäherung an etwas;
przybyć „ankommen", *przybić* „annageln", *przyjąć* „annehmen"; das Hinzufügen, Ergänzen; *przybrać* „hinzunehmen",
przybudować „hinzubauen", *przymieszać* „beimischen"; eine
unvollständige Tätigkeit, *przymknąć* „halb schließen", *przy-
brudzić* „ein wenig beschmutzen", *przyblednąć* „etwas erblas-
sen".

u + Gen. „an, bei", örtlich, wechselt mit *przy*. Bei Personen
wird gewöhnlich *u* gebraucht; *mieszkać u przyjaciela* „beim
Freund wohnen", *u siebie w domu* „bei sich zu Hause, *kupić
u kogo* „bei jmd. kaufen".

u- als Präfix dient zur Perfektivierung, *utworzyć* „bilden"
uratować „erretten", *umrzeć* „sterben", *urodzić* „gebären";
bezeichnet das Entfernen, Trennen, Vermindern; *uciekać*
„fortlaufen", *ułamać* „abbrechen", *upiłować* „absägen",

ubyć „abnehmen"; dient zur Bildung von Verben aus Substantiven u. Adjektiven; *uprzemysłowić* „industrialisieren",
uspołecznić „vergesellschaften", *ułaskawić* „begnadigen",
upoważnić „bevollmächtigen" u. v. a.

w + Akk. „in", örtlich auf die Frage „wohin"; *wystrzelić
rakietę w przestrzeń kosmiczną* „eine Rakete in den Weltraum
schießen", *w prawo, w lewo* „(nach) rechts, links", in Richtung
auf eine näher bestimmte Sache oder Ort gebraucht man
jedoch vorwiegend *do, jechać do Warszawy*; zeitlich „an,
während" bei Tagesbezeichnungen; *w niedzielę* „am Sonntag", *w dzień i noc* „bei Tag u. Nacht", *w południe* „mittags";
auch bei Feiertagen, *w święto Bożego Narodzenia* „am Weih-
nachtsfeiertag".

Häufig wird *w* + Akk. „in" in übertragener Bedeutung
gebraucht; *wchodzić w życie* „ins Leben treten, rechtskräftig
werden" dagegen, *wchodzić do pokoju* „ins Zimmer gehen",
wdawać się w szczegóły „sich in Einzelheiten einlassen",
wpadać w oczy „in die Augen fallen" u. v. a. Ferner bei
idiomatischen Wendungen, *w ten sposób* „auf diese Weise",
bogaty w co „reich an etwas sein" u. a.

w + Lok. „in", örtlich auf die Frage „wo"; *być w pokoju,
w Warszawie* „im Zimmer, in Warschau sein", *mieszkać
w Niemczech* „in Deutschland wohnen", auch übertragen;
być w dobrym humorze, w modzie, w nędzy „in guter Laune, in
Mode, in Not sein"; zeitlich, allgemein und bei Wochen-,
Monats- u. Jahresangaben; *w czasie wojny* „während des
Krieges", *w epoce socjalizmu* „in der Epoche des Sozialismus",
w przyszłym tygodniu „in der nächsten Woche", *w lipcu* „im
Juli", *w roku* 1958 „im Jahre 1958".

Vor einer Konsonantenhäufung, deren erster Konsonant *w*
od. *f* ist, lautet die Präp. *we*; *we Wrocławiu* „in Breslau", *we Francji*
„in Frankreich", *we wrześniu* „im September", jedoch: *w Krakowie*
„in Krakau", *w Przemyślu* „in Przemysl". Ursprünglich handelt
es sich hier um das „flüchtige" *e*, s. § 4, 8. Die lautgesetzliche Entwicklung ist jedoch nicht mehr lebendig und nur noch in Restformen erhalten, z. B. *we mnie* „in mir", *we krwi* „im Blut", *we
Lwowie* „in Lemberg". Beim Präfix sind die ursprünglichen Lautverhältnisse besser bewahrt.

w- als Präfix bedeutet die Richtung (hin) ein oder **nach** oben; *wejść, wchodzić* „hinein-, hinaufgehen"; *wkraść się* „sich einschleichen", *włączyć* „einschließen", *włożyć* „einlegen".

z + Gen. „aus, von her", örtlich auf die Frage „woher"; *przynieść z pokoju* „aus dem Zimmer bringen", *rodem z Berlina* „aus Berlin gebürtig", *zdjąć książkę z półki* „ein Buch vom Regal nehmen", *z tyłu* „von hinten"; „aus" auf die Frage „woraus bestehend"; *mieszkanie składa się z pięciu pokoi* „die Wohnung besteht aus 5 Zimmern", *domek z kart* „Kartenhaus", *serwis z porcelany* „Porzellanservice"; übertragene Bedeutung; *wyjść z mody* „aus der Mode kommen", *z obawy* „aus Angst", *z tego powodu* „aus diesem Grund".

z + Instr. „mit"; *mówić z kolegą* „mit einem Kollegen sprechen", *chleb z masłem* „Butterbrot", *z czasem* „mit der Zeit", *pożegnać się z kimś* „sich von jmd. verabschieden", *rozwieść się z żoną* „sich von der Frau scheiden lassen".

Vor einer Konsonantenhäufung, deren erster Konsonant *z, s* od. ein anderer Zischlaut ist, lautet die Präp. *ze*; *ze swoim gościem* „mit seinem Gast", *ze szkoły* „aus der Schule", *pić ze szklanki* „aus dem Glas trinken", *ze srebra* „aus Silber", jedoch: *z Gdańska* „aus Danzig". Es handelt sich hier wie bei *w*, *we* ursprüngl. um das „flüchtige" *e*. Reste der lautgesetzlichen Entwicklung sind noch *ze mnie* „aus mir", *ze mną* „mit mir", *ze wszystkich sił* „aus allen Kräften", *ze wsi* „vom Lande". Beim Präfix sind die ursprgl. Lautverhältnisse besser bewahrt.

z- (vor stimmlosen Konsonanten *s-*) als Präfix macht impf. Verben perfektiv, besonders bei den Verben auf *-ować*, *zrobić* „machen", *zepsuć* „verderben", *zbadać* „erforschen", *zdecydować* „entscheiden", *zdeformować* „deformieren", *zdegradować* „degradieren" usw.; bezeichnet die Richtung von oben nach unten, *zejść, schodzić* „heruntergehen", *strącić* „herunterstürzen", *zmyć* „abwaschen"; bezeichnet das (Ver)sammeln, Anhäufen, *zebrać* „sammeln", *zbiec się* „zusammenlaufen", *zwinąć* „zusammenwickeln", *zetknąć* „zusammenbringen".

za + Gen. „während, zur Zeit"; *za panowania Króla Kazimierza Wielkiego* „während der Regierungszeit König

Kasimirs des Großen, *za Hitlera* „unter, zur Zeit Hitlers",
za życia „zu Lebzeiten", *za moich czasów* „zu meiner Zeit".

za + Akk. „in, nach Verlauf von", zeitlich; *za godzinę* „in,
nach einer Stunde", *za pięć dwunasta* „in fünf Minuten zwölf
Uhr, 5 vor 12"; „hinter", örtlich auf die Frage „wohin",
pojechać za granicę „ins Ausland fahren", *idzie za dom* „er geht
hinter das Haus"; „für" zum Ausdruck des Ersatzes, Ent-
gelts, der Absicht, *za ojczyznę* „fürs Vaterland", *książka za
dziesięć złotych* „ein Buch für zehn Zloty", *kara za zbrodnię*
„Strafe für ein Verbrechen", *nagroda za dobrą pracę* „Beloh-
nung für gute Arbeit"; idiomatische Wendungen, *wyjść za
mąż* „heiraten" (einen Mann), *służyć za wzór, murarza* „als
Muster, Maurer usw. dienen".

za + Instr. „hinter", örtlich auf die Frage „wo"; *ogród
za domem* „der Garten hinter dem Haus", *za granicą* „(hinter
der Grenze), im Ausland", *za miastem* „außerhalb der Stadt";
„nach", zeitlich = *po* + Lok.; *za drugim dzwonkiem podnosi
się kurtyna* „nach dem zweiten Klingelzeichen erhebt sich der
Vorhang". Ferner bei Verben, die bedeuten „für jmd., etwas
eintreten, für jmd., etwas eingenommen sein", *prosić, prze-
mawiać, ująć się, być za kimś* „für jmd. bitten, sprechen,
sich einsetzen, sein"; idiomatische Wendungen, *za jednym
zamachem* „auf einen Streich ", *za pomocą* „mit Hilfe", *za
pośrednictwem* „durch Vermittlung".

poza + Akk. od. Instr. „hinter" kann anstatt *za* in örtl.
Bedeutung stehen; *poza dom* „hinter das Haus", *poza domem*
„hinter dem Haus", *poza tym* „außerdem".

za- als Präfix bezeichnet in vielen Fällen den Beginn oder
auch das Unterbrechen einer Tätigkeit, *zabłysnąć* „aufblitzen", *zaboleć* „zu schmerzen anfangen", *zaśpiewać* „zu singen
anfangen", *zahamować* „bremsen"; bezeichnet die restlose
Ausführung einer Tätigkeit, *zastrzelić* „erschießen", *zatopić*
„ertränken", *zatrzeć* „verwischen".

§ 66. Doppelpräpositionen

Doppelpräpositionen sind aus mehreren Präp. zusammengesetzt. Sie wurden z. T. schon unter den einfachen Präp.
behandelt. Zu erwähnen sind die Doppelpräp., die mit *z* (s-)

zusammengesetzt sind. Sie regieren den Genitiv und antworten auf die Frage „woher". Sie bedeuten, daß etwas von einem Ort her geschieht; *znad* „von, über-her", *spod* „unter-hervor", *sprzed* „vor-weg", *spoza, zza* „von hinten-hervor", *spomiędzy* „zwischen-hervor"; *wrócił znad Bałtyku* „er kam von der Ostsee (her) zurück", *spod Krakowa* „aus der Gegend von Krakau her", *uciec sprzed nosa* „vor der Nase abfahren", *słońce wygląda spoza chmury* „die Sonne sieht hinter der Wolke hervor".

Die uneigentlichen Präpositionen

Mit Genitiv: *celem, w celu* „zwecks", *mocą, na mocy* „auf Grund, kraft", *naprzeciwko* „gegenüber", *obok* „neben", *około, koło* „um herum, bei, ungefähr", *oprócz, prócz* „außer", *podczas* „während", *podług, według, wedle* „gemäß, entsprechend", *pośród, wśród* „inmitten", *wewnątrz* „innerhalb", *wobec* „angesichts, in Anbetracht", *wskutek, skutkiem* „infolge", *wzdłuż* „entlang, längs", *względem* „betreffs, hinsichtlich", *zamiast* „anstatt", *ze wnątrz* „außerhalb".

Mit Dativ: *dzięki* „dank", *przeciw(ko)* „gegen, entgegen", *wbrew* „trotz, gegen".

§ 67. Sonstige Präfixe

(soweit noch nicht unter den Präpositionen behandelt).

prze- entspricht weitgehend dem dtsch. „durch-, über-"; *przebić* „durchschlagen", *przecenić* „überschätzen", *przechodzić* „durchgehen, (vor)übergehen", *przeciągać* „durchziehen", *przeczytać* „durchlesen", *przeludnić* „übervölkern"; bezeichnet das Verändern einer Sache, dtsch. „um-"; *przebudować* „umbauen", *przetworzyć* „umändern, verarbeiten", *przestawić* „umstellen"; entspricht dtsch. „voraus-, vorher-"; *przewidzieć* „vorhersehen", *przepowiedzieć* „vorhersagen".

roz- bezeichnet die Trennung, Auflösung, Verteilen in verschiedene Richtungen, dtsch. „auseinander, ver-, zer-"; *rozbić* „zerschlagen", *rozbiegać się* „auseinanderlaufen", *rozszerzyć* „verbreiten, ausdehnen", *rozdawać* „verteilen", *rozwiązać* „auflösen", bezeichnet die Intensität der Tätigkeit; *rozweselić* „erheitern", *rozśpiewać się* „viel singen", *rozpytywać* „überall nachfragen".

współ- entspricht dtsch. „zusammen-, miteinander-". Dieses Präfix macht das Verb nicht perfektiv, vgl. § 59, 2. *Współdziałać* „mitwirken", *współistnieć* „coexistieren", *współpracować* „mitarbeiten", *współzawodniczyć* „wetteifern"
wy- bezeichnet die Richtung von innen nach außen, von unten nach oben, entspricht weitgehend dtsch. „aus-"; *wybrać* „auswählen", *wybuchać* „ausbrechen, auflodern", *wybudować* „aus, aufbauen", *wydzielić* „austeilen", *wygadać* „ausplaudern", *wykształcić* „ausbilden".
wz-, ws- (vor stimmlosen Konsonanten). Das Präfix ist ziemlich selten, es bezeichnet die Richtung nach oben; *wzbić się* „emporfliegen", *wznieść* „erheben", *wschodzić* „aufgehen", *wskrzesić* „auferwecken". In einigen Fällen hat es keine eigene Bedeutung; *wznowić* „erneuern", *wzgardzić* „verachten", *wzbronić* „verbieten".

§ 68. Konjunktionen
(Spójniki)

Man unterscheidet beiordnende (koordinierende) und unterordnende (subordinierende) Konjunktionen.
I. Die beiordnenden Konjunktionen zerfallen in:
a) kopulative Konjunktionen. „Und" heißt *i* bzw. *a*; durch *i* werden gleichartige oder zusammengehörende Begriffe verbunden, *rząd i naród polski* „die Regierung und das polnische Volk", *pisarze i artyści* „Schriftsteller und Künstler", soll jedoch ein auch nur leichter Gegensatz ausgedrückt werden, so steht *a*, *Polska a Niemcy* „Polen und Deutschland", *kościół katolicki a światopogląd marksistowski* „die katholische Kirche und die marxistische Weltanschauung", *nie pomagałeś nam, a teraz chcesz korzystać z naszej pracy* „du hast uns nicht gehofen, und jetzt willst du von unserer Arbeit profitieren". Daneben bedeutet *i* „auch", *i ja nie wiedziałem* „auch ich wußte es nicht", *i — i* „sowohl — als auch".
„oder" wird durch *albo* bzw. *lub* ausgedrückt, wenn einem die Wahl zwischen zwei Dingen offen bleibt, *pokój do wynajęcia z meblami albo (lub) bez nich* „ein Zimmer mit oder ohne Möbel zu vermieten", *przyjadę do Warszawy jutro albo pojutrze*

„ich komme morgen oder übermorgen nach Warschau".
Wenn es fraglich ist, wofür man sich entscheidet, steht *czy*,
dziś czy jutro „heute oder morgen"; *czy* muß immer im zweiten
Glied einer Doppelfrage stehen, *czy byłeś w domu czy na
mieście* „warst du zu Hause oder in der Stadt", *czy jedziesz
pociągiem czy autobusem* „fährst du mit dem Zug oder Auto-
bus". *Czyli* verbindet das vorhergehende Wort mit einer nähe-
ren Erklärung, dtsch. „oder, das heißt", *sejm czyli parlament
polski* „der Sejm oder (d. h.) das polnische Parlament",
pierwszy przypadek czyli mianownik „der erste Fall oder
Nominativ". *Czy — czy*, albo — albo, lub — lub „entweder —
oder".

też, także „auch", *również* „ebenfalls", *oraz* „sowie", *miano-
wicie* „nämlich".

b) konsekutive Konjunktionen; *dlatego, przeto, stąd* „daher,
deshalb", *więc* „also", *zatem* „daher, folglich".

c) adversative Konjunktionen; *a* „und, aber", *ale, lecz*
„aber, sondern", *jednak* „doch, dennoch"; *przecież* „doch",
zaś „aber", dieses steht an zweiter Stelle des Satzgliedes, *brat
gra na skrzypcach, siostra zaś na fortepianie* „der Bruder
spielt auf der Geige, die Schwester aber auf dem Flügel".

II. Die unterordnenden Konjunktionen zerfallen in:

a) deklarative Konjunktionen. Nach Verben des Denkens,
Meinens, Sagens steht *że* bzw. *iż* „daß" und zwar immer im
Indikativ, *powiedział, że przyjdzie później* „er sagte, er käme
später".

b) finale Konjunktionen; *aby, żeby, iżby, by* „damit, um
zu". Das Verb steht im Präteritum; *muszę tutaj zostać, żeby
mnie zastał* „ich muß hierbleiben, damit er mich antrifft".
Haben Haupt- und Nebensatz das gleiche Subjekt, so steht
der Infinitiv; *pracował nieustannie, by, jak najprędzej skończyć pracę* „er arbeitete unaufhörlich, um so schnell wie möglich die Arbeit fertigzustellen". Diese Konjunktionen stehen
auch nach Verben des Wollens, Wünschens, Ratens; *chcę,
abyś tego nie zapomniał* „ich will, daß du das nicht vergißt".

c) kausale Konjunktionen; *bo, bowiem* „denn, weil", *gdyż*
„weil, denn, da", *ponieważ* „weil", *dlatego że* „deshalb, weil";
bowiem steht an zweiter Stelle des Satzes; *pobladł nagle,
zrozumiał bowiem, jakie niebezpieczenstwo mu groziło* „er
wurde plötzlich blaß, denn er verstand, welche Gefahr ihm
drohte".

d) konzessive Konjunktionen; *choć, chociaż, jakkolwiek*
„obgleich, wenn auch"; *chociaż dużo pracuje, nie jest on
bogaty* „obgleich er viel arbeitet, ist er nicht reich". Soll nur
eine Vermutung ausgesprochen werden, so wird *by* angefügt.
Das Verb steht dann im Präteritum; *chociażby dużo pracował,
nie stałby się on bogaty* „obwohl er viel arbeiten würde,
würde er nicht reich werden".

e) konditionale Konjunktionen; *jeśli, jeżeli, gdy, kiedy,
jak* „wenn, falls", *skoro* „sobald"; *pójdę do teatru, jeśli uda
mi się dostać bilety* „ich werde ins Theater gehen, wenn es mir
gelingt, Eintrittskarten zu bekommen". Bei der irrealen
Bedingung wird *by* angefügt, das Verb steht im Präteritum;
przyszedłbym, gdybym miał czas „ich würde kommen, wenn
ich Zeit hätte".

f) temporale Konjunktionen; *aż* „bis, nicht eher als",
dopóki, póki „solange (als), *dopóki nie* „bis", *kiedy, gdy, jak*
„wenn, als", *jak tylko, skoro tylko* „sobald als", *ilekroć* „so oft
als", *podczas gdy* „während", *zanim, nim* „ehe, bevor", *zale-
dwie, zaledwo, ledwie* „kaum".

g) komparative Konjunktionen; *jak* „wie", *niż* „als" beim
Komparativ s. § 24, *jakby, jak gdyby* „als ob, als wenn",
tak — jak „so — wie", *im — tym* „je — desto", *tyle — ile*
„soviel — wie".

§ 69. Die Partikel
(Partykuły)

Die Partikel haben keine selbständige Bedeutung. Sie verleihen jedoch einzelnen Wörtern oder ganzen Sätzen bestimmte Bedeutungsnuancen. Ein Fragesatz wird durch ein
Interrogativpronomen oder interrogatives Adverb eingeleitet.
Fehlt dieses, dann steht am Satzanfang die Partikel *czy; czy
przyjdzie?* „wird er kommen?". Im Nebensatz bedeutet *czy*

„ob"; *powiedz mi, czy przyjdzie* „sage mir, ob er kommen wird". *Niech* enthält eine Aufforderung od. einen Wunsch und wird in den 3. Personen des Imperativs verwandt, s. § 42, II, *niech czyta* „er soll (möge) lesen", *niech tak będzie* „es soll (mag) so sein". *No* hat abschwächende, *że* verstärkende Bedeutung; *chodź no* „komm mal her"; *chodźże* „nun komm schon her", *cóż* „was denn". Zur Bildung des Konditionals dient *by*, s. § 47. Indefinite Pronomina werden durch *-ś, -kolwiek, -bądź* u. a. gebildet, s. § 22. Negationspartikel ist *ne* „nicht".

§ 70. Die Wortstellung
(Układ wyrazów)

Die Wortstellung ist im Polnischen freier als im Deutschen. Es sind jedoch folgende Regeln zu beachten.

1. Die gewöhnliche Wortstellung ist Subjekt, Prädikat, Objekt. *Lud pragnie wolności, niczego więcej* „das Volk begehrt die Freiheit und nichts weiter", *twój brat jest sprawcą naszego nieszczęścia* „dein Bruder ist der Urheber unseres Unglücks". Sollen bestimmte Wörter besonders hervorgehoben werden, so stellt man sie an den Anfang oder das Ende des Satzes. *Wolności pragnie lud* „Freiheit fordert das Volk", *sprawcą naszego nieszczęścia jest twój brat* „der Urheber unseres Unglücks ist dein Bruder".

2. Im Gegensatz zum Deutschen soll das Prädikat nicht an das Satzende gestellt werden. *Danuta chce sobie kupić nową torebkę* „Danuta will sich eine neue Handtasche kaufen", eine falsche (deutsche) Wortstellung ist, *Danuta chce sobie nową torebkę kupić. Brat wczoraj wieczorem wyjechał do Warszawy* „der Bruder ist gestern abend nach Warschau gefahren", falsche Wortstellung, *brat wczoraj wieczorem do Warszawy wyjechał.*

3. Als nähere Bestimmungen stehen a) vor dem Substantiv Pronomina und Kardinalzahlen; *każdy uczeń* „jeder Schüler", *trzy samochody* „drei Autos".
Adjektiva, wenn die betreffende Eigenschaft dem näher bestimmten Substantiv nur zufällig eigen ist. Es sind das

Adjektiva, die vorwiegend eine Gestalt, Material, Farbe, gute od. schlechte Eigenschaft, Zugehörigkeit od. Zustand bezeichnen; *dobry człowiek* „ein guter Mensch", *piękna książka* „ein schönes Buch", *złoty zegarek* „eine goldene Uhr".

b) Nach dem Substantiv stehen Adjektiva, die mit dem Substantiv eine feste begriffliche Einheit bilden. Meistens entsprechen diesen Bildungen im Deutschen zusammengesetzte Substantiva, *bomba atomowa* „Atombombe", *rada zakładowa* „Betriebsrat", *szkoła podstawowa* „Grundschule", *zjazd partyjny* „Parteikongreß", *Rewolucja Październikowa* „Oktoberrevolution" u. v. a.

Ferner bei geographischen und nationalen, religiösen Bezeichnungen, *Morze Północne* „Nordsee", *Stany Zjednoczone* „Vereinigte Staaten", *układ poczdamski* „Potsdamer Abkommen", *naród polski* „das polnische Volk", *kościół katolicki* „die katholische Kirche".

Mehrere Adjektiva folgen ebenfalls hinter dem Substantiv, *człowiek oszczędny, gospodarny, zapobiegliwy* „ein sparsamer, wirtschaftlicher, vorsorglicher Mensch".

Nachgestellt wird auch die Ordinalzahl; *na stronie dwudziestej piątej* „auf Seite 25".

4. das Adverb steht im Gegensatz zum Deutschen gewöhnlich vor dem Verb; *uczeń pilnie pracuje* „der Schüler arbeitet fleißig", aus mehreren Wörtern bestehende adverbielle Wendungen jedoch nach dem Verb; *uczeń pracuje z zapałem* „der Schüler arbeitet mit Eifer".

5. Bei Fragesätzen wird im Gegensatz zum Deutschen die Wortstellung des Aussagesatzes beibehalten. (Aussagesatz), *to jest dobra książka* „das ist ein gutes Buch"; (Fragesatz), *czy to jest dobra książka?* „ist das ein gutes Buch?".

Zur Stellung des Reflexiv *się* s. § 55.

Wörterverzeichnis